互联网下半场品牌再造

韩志辉 郭 婷◎著

电子工业出版社

Publishing House of Electronics Industry

北京·BEIJING

内 容 简 介

　　互联网已进入下半场，我们比以往更加迫切地需要品牌再造，"内容"和"价值"的创造更加呼唤"品牌"的重新掌舵！这种重新掌舵，不是品牌营销历史的倒退，而是要求传统品牌营销进行自我升级，实现自我再造，才能引领互联网下半场的企业竞争。本书分为 7 章，系统地梳理了品牌再造体系，帮助企业把握下半场竞争主轴，包括互联网下半场的变化、战略思维转型、品牌价值再造、品牌沟通模式再造、销售模式再造、品牌生态再造、品牌运营再造。同时，本书也重点提炼了品牌再造的"观点+思考工具+方法"，帮助企业切实驾驭互联网品牌再造。

　　本书适合企业总裁、CEO、品牌总监、营销总监、品牌经理，以及对企业品牌管理感兴趣的读者阅读和参考。

图书在版编目（CIP）数据

互联网下半场品牌再造/韩志辉，郭婷著. —北京：电子工业出版社，2018.5

ISBN 978-7-121-33976-9

Ⅰ. ①互…　Ⅱ. ①韩…　②郭…　Ⅲ. ①互联网络－应用－企业管理－品牌营销－研究

Ⅳ. ①F272.3-39

中国版本图书馆 CIP 数据核字（2018）第 065979 号

策划编辑：朱雨萌

责任编辑：朱雨萌　　特约编辑：刘广钦

印　　刷：三河市鑫金马印装有限公司

装　　订：三河市鑫金马印装有限公司

出版发行：电子工业出版社

　　　　　北京市海淀区万寿路 173 信箱　邮编　100036

开　　本：720×1 000　1/16　印张：13　字数：207 千字

版　　次：2018 年 5 月第 1 版

印　　次：2018 年 10 月第 2 次印刷

定　　价：49.00 元

互联网下半场品牌再造

转眼间，互联网已进入下半场。

此时，我们比以往更加迫切地需要品牌再造。

竞争不止，品牌不死。规则越变，品牌越稳。

上半场我们迷失了品牌，被动陪跑；下半场，品牌必须重新掌舵。

互联网上半场，各品牌抢入口、夺流量，我们眼看着别的品牌将互联网玩得风生水起、创新模式玩颠覆、线上线下O2O、情怀概念社群化、资本风投闻信来，而自己却眼花缭乱，在疲于奔波中迷失了发展的主轴。我们热心于各种互联网的新玩法，却忽略了整合而流于形式。我们一直在追赶互联网，却从未超越互联网。

竞争是残酷的，我们必须思考：上半场为什么会被动？下半场如何玩才有胜算？

互联网时代张扬了人的个性，颠覆了平淡的按部就班，激活了商业的无限活力。然而，互联网终究只是工具，我们要做的是"用好"，而不是被互联网牵着鼻子走。要用好互联网，必须为技术找到灵魂的主角——品牌。

看似变幻莫测的互联网商业大战，始终是围绕着品牌的塑造、保留和积累进行的。任何商业行为，只有围绕品牌，才能不断累积品牌资产，扩大品牌影响力，增强粉丝忠诚度，最终体现在企业业绩表上。

特别是进入互联网下半场后，企业关注的重点是如何利用互联网基础设施来创造"价值"，"内容"成为公认的制胜武器。"内容"和"价值"的创造更加呼唤"品牌"的重新掌舵！

这种重新掌舵，不是品牌营销历史的倒退，而是要求传统品牌营销进行自我升级，实现自我再造，才能引领互联网下半场的企业竞争！

再造品牌，我们便有新的胜算！

再造品牌，引领互联网下半场的精品内容。品牌将为下半场竞争提供源源不断的内容。内容是互联网下半场公认的制胜武器。匠心是这个时代稀缺的品质。打造什么内容？传播什么内容？成就怎样的匠心？必须有一个灵魂来源、一个价值方向、一个积累容器。这些都必须依赖品牌。否则，再花哨、再新奇的内容都会成为夜空中闪亮的烟花，一闪即逝！

再造品牌，引领互联网下半场的忠诚粉丝。只有品牌企业才能持续留存粉丝。粉丝因一次触动、一些利益而接触品牌，但真正留存积累，还得依靠品牌。互联网下半场的关键就在于企业能够持续为粉丝展示有价值、有情怀、有互动感、有归属感、有品质的品牌。

再造品牌，引领互联网下半场的发展主线。变换的商业运作、好玩的营销方案、时尚的传播潮流，即使再新鲜，也只是武器而不是企业做大做强的统帅。没有强大的品牌工程，所有的互联网玩法都只是昙花一现，不能积累成一道持久迷人的胜景。

当然，品牌再造，不等于品牌建设。

传统的品牌观念、品牌工具已经吃了闭门羹。

"以生产为中心"向"以消费者价值为中心"大转变！

"生态主导"代替"企业主导"！

"粉丝思维"击败"顾客思维"！

"价值核心"代替"产品核心"！

"信息到达"超越"货物到达"！

"爆发增长"碾压"持续积累"！

"区域品牌"消失，"小众品牌"崛起！

"营销一元化传递"让位"个性化聚合"！

我们发现——

这个时代的品牌主角，已经不是一个高大的"我"，而是一个亲密的"我们"，品牌已进入共享时代！

这个时代的品牌话语，已经不是"我说你听"的单向传播，而是"你来我往"的双向互动。

这个时代的销售模式，也不再是传播与销售分离的各自为战，而是品牌传播与销售一体化的紧密合作。

这个时代的品牌生态，不仅仅是单一品牌的孤军奋战，而是品牌链的强大整合。

为助力品牌再造，本书系统梳理了品牌再造体系，帮你把握下半场竞争的主轴。包括：

战略思维转型——从不变到应变，先转脑后转型。

品牌价值再造——从"我"到"我们"，品牌的共享时代。

品牌沟通模式再造——从单向到多向，动出多倍影响力。

销售模式再造——从品牌传销分离到品牌传销一体化，销售=品牌。

品牌生态再造——从品牌到品牌链，品牌能量超乎你的想象。

品牌运营再造——从利润到资产，你的粉丝潜力无穷。

另外，本书也重点提炼了品牌再造的"观点+思考工具+方法"，帮你切实驾驭互联网品牌再造。

这些"观点"是时代的呼唤——"百年历史也要年轻态！""丢掉等级意识！""把指挥中心交给用户！""放下身份包袱！""包容意见就是培养铁粉！"刷新你的思维，再造品牌互联网生存能力，让我们共同创造品牌发展的新战绩。

这些"思考工具+方法"将帮你轻松驾驭互联网——"如何从传统品牌观向互联网品牌观转变？""如何打造头部品牌？""如何塑造'我们'化的品牌？""如何提高互联网互动效力？""如何打造互联网时代的传播与销售一体化？"你的这些困扰，都将在本书中得到深入探讨。

放眼未来，互联网正召唤品牌加入这个全面创新、回归初心、坚持匠心的时代！我们必须抓住互联网下半场企业竞争的灵魂，让所有的企业竞争行为有目标、有纲领、有体系，让所有的变化和转机都融入品牌发展的大战略中！

目 录

立了销售路径一体化，消费者通过搜索或广告看到品牌便可一键下单。同时，消费者偶然使用了产品，也会乐于通过社会化媒体进行分享，品牌方也尝试利用每次销售与消费者互动，每次销售都在累积品牌效应。"品牌=销售""销售=品牌"，二者是即时、同步的。

第六章　品牌生态再造——从品牌到品牌链，品牌能量超乎你的想象　/ 165

从品牌资源整合角度来说，当一个成熟品牌的影响力推广、扩展至上下游或相关产业链时，品牌链的效力便显现出来。特别是当企业拥有一个强大的品牌，其强大的市场价值可以轻松整合上游原料、上游配件，外包贴牌生产，融合外部资金，打通下游渠道，让整个社会资源为品牌服务，成为品牌的生产车间和后勤部门，把整个产业链利润平平的产品组合成强大的高附加值品牌。

第七章　品牌运营再造——从利润到资产，你的粉丝潜力无穷　/ 185

品牌是一种战略资产，它是企业未来取得成功和创造持续价值的平台。互联网时代，品牌估值成为热门的资本合作入场券。转变管理理念，不停留于单一产品的高价格，转而追求整个品牌资产的保值、增值，才能实现基业常青。

粉丝是最能创造价值的资产。粉丝链接了认知，链接了消费路径，链接了未来，链接了回报！

第一章

改变进行时！互联网下半场的千机变

互联网深度入侵，游戏规则大变。下半场改变了上半场，消费者的忠诚度有变，创新的互联网不断刷新眼球。传统的品牌战略是否依然可行？百年的品牌大计如何顺势而为？

嘿，你好！

既然打开了这本书，或许你正面临着互联网下半场品牌再造的问题。本书将陪你一起寻找品牌互联网升级的解决之道。

本书遵循现象—洞察—解决方案—未来的思维线路图，提供品牌再造的思维模式、操作工具、提升技巧、整合资源、传播策略等。

让我们从现象入手吧！

这是一个颠覆的时代，这是一个再造的时代，这是一个改变的时代。

互联网深度入侵，游戏规则大变。品牌可一夜成名，也可一夕崩塌。素未交手的其他行业巨头可能转眼间盯上企业家的盘中餐。曾经交恶的利益相关者也可能整合成平台伙伴。互联网下半场改变了上半场，消费者的忠诚度有变，不断创新的互联网刷新着人们的眼球。

场地换了，客户变了，传统的品牌战略是否依然可行？百年的品牌大计如何顺势而为？站在互联网颠覆与产业链重整之间的品牌企业，如何获得品牌地位？如何再造品牌价值并主动控制产业链？

一、变化的互联网：下半场谁有机会

当部分传统企业还没有完全跟上"互联网+"的步伐时，作为"互联网+"主要舞台的几大电商平台、视频平台、新闻类平台、外卖平台及问答平台已逐渐站稳脚跟，完成布局。所谓的行业头部稳步集中到少数几个大佬手中，腰部逐渐缩小，尾部则在分散中挣扎。

很多时候，我们忍不住感叹：互联网进入垄断时代，后来者还有机会吗？小企业还有生存空间吗？

互联网下半场概念的提出，引发了很多有关于未来的想象。互联网的上半场是连接，连接所有人和信息。互联网的"下半场"，马云称"用好互联网技术者得天下"，李彦宏称"结束移动互联网时代，开启人工智能时代"。业界精英们说法各有不同，但对于中国互联网正在进入"下半场"，却有着高度一致的判断。

变化不止，机会沉浮。下半场这个概念可以解读为上半场胜负已定，也可以理解为下半场好好把握，尚存机会。诺基亚之后，苹果找到了机会；移动互联网时代，微信抢占了入口。可见，下半场我们全力以赴，深度透析变革，仍有转变之机。

互联网上半场的关键词是搭平台、抢入口、夺流量，消除结构洞，桥接一切。而下半场，关键词是做大平台、嫁接资源、细分内容、创新服务、创造价值。其灵魂就在于发挥"品牌"对平台价值的引领作用，给粉丝"留下的理由"，实现与粉丝的深度吸引。

因此，企业品牌打造必须深刻洞察规则变化，把握改变之机！

（一）产业变革：跨产业链整合

互联网天生就有一种跨界整合的能力。从互联网上半场开始，已出现大量赢家通吃、跨产业链品牌整合的现象。某一行业的企业往往延伸到另一行业，行业的边界变得模糊，新的行业在行业的边缘成长起来。这种跨界往往带着新思维，冲破了传统束缚，给客户提供了更全面的解决方案，为企业带来了新的增长点。例如，小米、淘宝、顺丰、腾讯等都形成了自己的跨产业链生态体系。

这种整合包含垂直整合和水平整合，也欢迎跨界整合。垂直整合侧重于对产业链上下游进行整合，水平整合是对同一类产业的资源融合，而跨界整合则打破常规，基于股权渗透、技术平台或同类粉丝进行的整合。

进入下半场，这种整合将进一步加剧，大的平台、互联网入口将整合到少数几个品牌手中，各种资源、行业间的结构洞间将出现更多桥接资源者。下半场，每个品牌都要发挥自己的优势，整合工具、粉丝、沟通方式、跨界人才。

对于资源欠缺的品牌，我们更提倡围绕同类粉丝做整合，把一个群体做透，做出高价值。

（二）模式变革：做平台或做专业

跨产业链整合促进了商业模式的变革，出现了两类快速成长的商业模式：做平台或做专业。

做平台意味着具备跨界能力，成为桥接资源者。例如，二手车交易平台连接了买家与卖家，网络教育平台连接了学习者与分享者。因为填补了原有商业结构中的洞，打破了原来的信息不对称，所以，平台商业模式迅速吸引了某一商业中的利益相关方。搭建平台依靠资本、技术、信息或粉丝，而凝聚平台、扩大平台则需要依靠品牌的整合力和影响力。

做专业则意味着关注细分领域，成为小圈层专家，更适合新生品牌、小品牌寻找生存机会。专业与品牌的定位法则相匹配，并且下半场这种专业需要更精准、更小众，附加精神属性和圈层属性，基于需求并实现创新化满足。

（三）资产变革：资源共享化

共享经济的大热，让人们发现了资产"新大陆"。网络互连赋予了资产连接点，盘活了闲置资产。只要能提供价值增长点，我的资产就是你的资产，只要能添加提取按钮，你的资产就是我的资产。

对于品牌再造来说，一方面，要善于通过共享思维创新品牌商业模式；另一方面，要善于整合社会资源，升级品牌、做大品牌影响力。

在创新品牌商业模式层面，共享经济思路启发我们：要善于盘活别人暂时不用的、闲置的资源，并加上人人参与。优客工场共享了"办公空间"，为创业公司、小微企业提供服务。小e管家共享了人的"专业技能"，为用户提供取送、做饭、接送孩子等上门服务。

在做大品牌影响力层面，共享经济思路启发我们：要充分利用一切资源传播品牌、共创品牌。我们可以通过参与互动、消费奖励调动消费者的参与积极性，也可以利用跨界闲置资源进行联合开发、联合推广，也就是说，品牌营销也可以共享。

（四）组织变革：企业平台化

我们正处在瞬息万变的环境里，各种新型企业组织打破传统的行业界限，异军突起，垂直的组织结构演变为扁平化结构，普遍的跨界现象成为时代的显著特征，如果企业固守传统规则就可能被时代淘汰。

随着平台型企业的不断扩张，不断深度整合相关行业的利益相关方，平台将成为商业模式中重要的组织者和规则制定者。平台化一方面意味着行业的平台化，一批公司和集体将消失，各种垂直的平台将诞生，大量自由职业兴起；另一方面，意味着企业的运作将越来越平台化，员工、粉丝、客户、同行等资源，都可以在企业平台上进行整合。

平台赋予了品牌更广阔的运营空间，也彻底改变了传统品牌输出的C-B模式。品牌建立于平台之上，品牌的价值也内在生成于各种利益相关者在平台之上所感受到的各个环节，品牌不再是一纸广告，系统化的规则、流程、利益、奖惩、生态链将深度刻画品牌的品质。在此意义上，品牌的内涵将更为丰富、务实。如果天猫没有不断改善相关的排名、评价、管理机制，仅仅一句"尚天猫，就购了"无疑是欠缺说服力的。

（五）动力变革：消费者驱动

互联网与新技术带来了商品的极大丰富与快速流通。丰富的商品把选择的主动权让渡给了消费者，消费者不再满足于停留在销售的C端，他们将更加靠近中心端。一切B2C、C2C的思维模式将发生更彻底的转变。

消费驱动生产，消费已具备了生产力，品牌运营必须系统地转变思路。对生产来说，需要从宽泛地生产某类产品转变为精准地研究某一群客户，从生产出来给客户转变成为某一群客户生产产品，如海尔的订单式生产。对营销来说，需要从以企业为中心的单向传播转变为以用户为中心的品牌互动共享。

针对互联网"下半场"的竞争环境，消费者驱动既需要实现品牌与消费者需求的个性化对接，又需要研究创造性对接、智能化对接、情感化对接和圈层性对接，如图 1-1 所示。

个性化对接
创造性对接
智能化对接
情感化对接
圈层性对接

品牌　　　消费者驱动

图 1-1　消费者驱动与品牌的对接

（六）场景变革：虚实模糊化

互联网带动大量实体经济进入"互联网+"通道。进入互联网"下半场"，线上用户增速放缓，一些互联网巨头开始将目光投向实体经济和二、三线城市。如小米开店、京东下乡、淘宝的新零售，模糊虚与实，进而融合。

互联网时代，销售场景发生转变：从实体分级管理到虚实融合全渠道。

互联网品牌盯着实体经济，实体经济的增长力再次被挖掘。反过来，对于传统企业品牌再造来说，不能仅仅盯着互联网的背影，除了用好互联网，也不能忽略自身资源，应虚实结合，取优势而融合。

虚实融合的背后，是完整的消费体验。消费者生活在实体场景中，虚拟场景是实体场景的延伸和变形，虚实之间没有天然的分界线，反而有消费者需求的连接点。

移动互联网时代，LBS、移动、社交、大数据、物联网五大元素构成的场景营销将深刻影响品牌传播。今后，品牌营销的思路应该结合消费者的心理变化，融合线上线下，无缝衔接消费者购买产品的时间、地点、环境、场景，制造消费契机。

（七）渠道变革：全渠道体验

互联网"下半场"将进入全渠道时代。每个品牌都面对着线上、线下多个平台的订单，以满足消费者任何时候、任何地点、任何方式的购买需求。这种结合实体渠道、电子商务渠道、移动电子商务渠道的全渠道零售模式不再区分线上和线下，而是如何打通线上和线下，更好地融合全渠道。

在全渠道零售模式下，消费者购物的 3 个环节（发现、选择和支付）将更有效地匹配不同渠道的特点。精明的消费者在网上或者移动网络上发现商品，在实体店里体验选择商品，然后根据销售优惠或服务政策选择支付方式。

为满足全渠道的体验，企业需要对企业资源进行深度优化，全面打通实体渠道、电商渠道、移动电商多个渠道，让商品、服务、交易、体验在多个渠道无缝衔接。如让实体店担当配送点职能，开发线上线下会员管理体系的一体化，让会员只使用一个 ID 号便可以在所有渠道通行，享受积分、打折、促销、客服、售后等一致的品牌服务。

特别是对于品牌建设，务必保持全渠道的一致性。每个渠道的品牌表现都在累积品牌的影响力，不同渠道间并非是互相冲突的关系，而是互相做加法的关系。

（八）传播变革：信息碎片化

移动互联网加上快节奏的生活方式，使得信息主要以短消息、短视频、短文章的形式表现出来，长篇大论的信息已变得碎片化。

无疑，碎片化信息可以随时进入，随时退出；可以即时理解，也可以即时分享；更可以及时方便地做出购买决定，即使肤浅、不完整，但是更加直观、感性、简单化。

然而，碎片化只是信息的形式，不是信息的思想。碎片化并不意味着粗暴的吆喝，反而更渴求精巧的心灵触动。这好比诗歌与小说之间的差异，不是诗歌不深刻，而是诗歌更直抒胸臆。

碎片化时代的品牌传播更接近生活世界的沟通，在生活世界中，我们以简洁的语言传情达意，不空洞、不抽象，也不高深，但却会对日常消费产生直接影响。

对于品牌传播来说，一方面，要满足碎片化时代的沟通方式，那些能够直接带给人们感官刺激的品牌传播方式更容易获得关注，适合用于品牌传播前期，那些复杂、深刻、信息量较大的品牌信息则难以即时解读。另一方面，要善于对碎片化的信息进行再加工，因为真正被用户认可、深刻领悟的仍是那些系统化的知识，对于文化知识类产业、个人提升类产品和品牌长期留存客户来说，那些系统化、深加工、富有见解的产品更显得难能可贵，在碎片化的信息中也有自己的独特价值。

（九）内容崛起，争夺注意力

互联网"上半场"：搭平台、比速度、抢入口、抢用户，规模竞争基本成定局。

互联网"下半场"：比价值、比耐力，消费者价值竞争才刚开始。

移动互联网的基础工具和平台等基础设施在互联网"上半场"已基本搭建完成，但用户能否真正留在这些平台，能否持续关注这些品牌，能否实现更多流量变现？一切还要看这些品牌所提供的内容价值。因此，未来最重要的事情是内容填充，再借助人工智能技术进行精准分发，真正靠内容留住用户。

对于品牌再造来说，用户价值创造、品牌文化建设、品牌社区运营等内容创造成为重点。这里的内容不是传统意义上的内容，而是可以争夺、占有用户时间的价值、互动、思想、利益、趣味等。那些优质的、有价值的内容可以留存现有用户、激发用户活跃度，并吸引新的用户加入，是品牌运营的重点。

（十）趋势变革：未来更加不确定

今天的商业，唯一的不变就是改变。商业模式难以预测，新的玩法难以想象，异军突起的独角兽、跨界侵略的野蛮人不断颠覆传统经典的品牌运营思维。

我们必须学会在不确定中前行，在改变中调试自我，紧跟变化做出反馈，适应商业新规则。我们需要大胆尝试、不断试错，并迅速纠正。

虽然商业模式、品牌运作充满了不确定性，但用户是确定的。我们需要及时洞察用户需求，满足甚至引领用户需求，牢牢地将用户的忠诚锁定在品牌方，这样就有了应对变化的基点。

二、变化的消费者：新品牌意识颠覆传统品牌意识

互联网"下半场"带来了全新的消费者对接平台，产品丰富程度大大提高，品牌触及用户的时间、成本和中间环节大大减少。消费者身处变革之中，早已不是传统单纯的消费者，他们变了。与时俱进的企业需要随时洞悉这种来自整个社会潮流的消费行为变化。

机会，在于满足未被满足的需求！

成功，在于创新设计需求的实现！

如图 1-2 所示，成功的商业模式设计首先要洞察客户真实的需求，结合产业洞察和竞争对手洞察发现未被满足的需求。当消费者需求变化时，老产品的危机来了，善于改变的品牌机会来了。

（一）消费者消费逻辑符号化

互联网时代是物质极为丰富的时代，是一个消费的时代。

正如社会学家鲍德里亚所言，我们已进入完善的消费社会，消费对象、消费环境及人们的消费行为均产生了空前深刻的符号化的变化。在物质匮乏的时代，人们购物的主要目的是满足物质需求，注重的是商品的质地材料和使用价值。随着物品变得丰盛，人们更加看重商品的样式和形象，更注重商品所带来的差异感和符号价值。

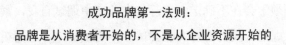

成功品牌第一法则：

品牌是从消费者开始的，不是从企业资源开始的

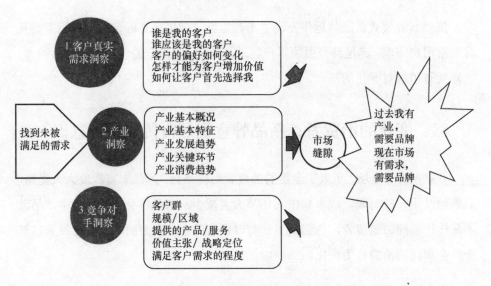

图 1-2 成功的商业模式设计

当商品作为一种符号体系时，它展现出一种社会秩序，与此同时，也彰显着购买者的社会地位。人们购买商品的目的就更侧重于体现自身的社会地位。消费社会中最有号召力的口号是"个性化消费"。

作为企业，要想品牌被消费者认可，让消费者对品牌忠诚，就需要把消费者的符号化诉求和情感需求内化为企业品牌营销的核心内容和诉求点，借助符号化的产品设计、符号化的服务、符号化的购物体验、符号化的包装、符号化的宣传等来实现品牌的经营目标，如图 1-3 所示，为商品背后的符号。

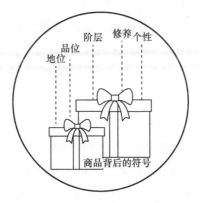

图 1-3　商品背后的符号

（二）消费者思维方式大改观

互联网的深度融入带来大量庞杂的信息，信息过剩促使消费者思维方式也发生了很大的改变。

1. 分散了人的注意力

我们处在一个媒体碎片化、注意力碎片化的时代，人们的注意力被高度分散。

2. 灭掉了人的求知力

碎片化的阅读让人们停留在蜻蜓点水的浅层次阅读，懒于思考，那些强调感官欲望的品牌营销方式更容易获得关注，低调内敛不重视营销的品牌很容易被人们忽略。

3. 降低了人的判断力

人们判断力的降低更多是由于各种新技术、新模式带来的陌生感，或者是由于来自于互联网特有的免费诱惑。对于那些足够颠覆的新专利、新产品，消费者缺少参照物，很可能在迷迷糊糊中尝试。例如，共享单车、余额宝、京东白条等。

4. 提高了人的免疫力

铺天盖地的同质化的品牌宣传、广告轰炸，各种优惠促销、新品专享，使消费者变得麻木，也不再轻易心动。低估消费者智商，很可能最后被消费者忽视。

5. 增强了人的参与力

消费者不再被动，开始热衷于参与品牌的创意、生产、宣传等过程，以此表达自己的个性化想法。这便是所谓的"消费者即生产者"（Prosumer）。消费者不再是价值链的最后环节，他们要参与价值链设计。电视剧《纸牌屋》就是因为充分调查、分析了观众的阅读兴趣，并因势利导加入用户喜欢的元素，结果大获成功。

（三）消费者购买理念大升级

移动互联网时代触手可及的信息传递和随时随地的消费方式，大大激发了用户的主动性和创造性，也不断刷新着消费者的消费理念，消费者的消费理念呈现图 1-4 所示的倾向。

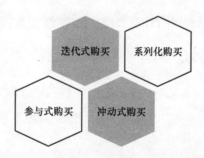

图 1-4　消费者的消费理念呈现的倾向

（1）迭代式购买：这意味着迭代产品拥有天然的关注度。互联网上的时尚信息、潮流生活元素唾手可得，新的产品不断更新换代，消费者为了追求时尚会不断对已有物品更新换代。

（2）系列化购买：这意味着系列化的产品更有杀伤力。单一的商品不能充分彰显消费者的个性，也不能节约消费者的选择成本。而系列化的商品则恰恰让消费者成为某一类人。如果不能自成系列，就要靠近某一相关的品位系列，让品牌成为某种生活方式的一部分。

（3）参与式购买：这意味着参与即代表购买。让消费者深度参与，让他们议论、设计、投票、批评，他们和品牌的关联将不断加深。品牌走进他们的圈子，钱包即走进品牌的袋子。

（4）冲动式购买：这意味着冲动不是魔鬼而是购买力。生活节奏快速而善变，各种促销花样不断翻新，人们缺少冷静审慎的思考空间，让他们冲动，即让他们购买。

（四）消费者购买行为有新机

消费者购买理念的改变，直接影响着他们的购买行为。传统的"刺激—反应式"购买模型有了更多主动的参与互动，谨慎的购买者决策暗箱也变得更加开放，随时接受外界信息，并给予反应。我们对此做了两个对比模型。

1. 传统的消费者购买行为模型

图 1-5 所示为传统消费者购买行为模型。

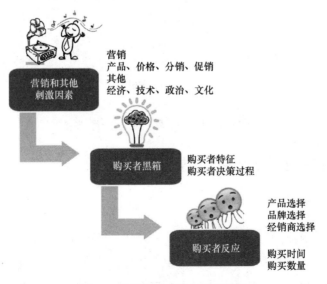

图 1-5　传统消费者购买行为模型

2. 互联网时代购买行为模型

互联网时代的消费特点是：选择性获取—娱乐性关注—体验性记忆—对比性购买—圈层性传播—即时性反馈。

相对来说，消费者的购买行为模型有了更多主动性、选择性和互动性，这是品牌再造、品牌传播中新的机会点，如图 1-6 所示。

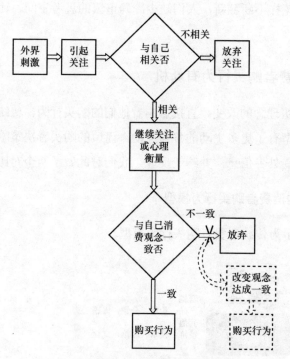

图 1-6　BEST 消费者购买行为模型

（五）消费者购买场景大转变

1. 从消费的必需化到情景化

曾经消费者因为需要某一商品而产生购买意图，如今，商家营造出各种品牌应用情景，诱惑消费者，给他们幻想，让他们产生需求。如果你的品牌可以成为消费者想象美好生活的某一元素，那么，你已成功勾起了消费者的需求。

2. 从消费的慎重感到即时感

曾经，人们的消费场景是一个漫长而审慎的过程，人们获取信息较慢，生活节奏也慢。如今移动互联网让人们可以即时查阅、即时购买，时间地点不限，因此，品牌必须抓住转瞬即逝的关注度，让消费者快速触电、快速决策。

3. 从实体市场购买到虚拟市场购买

实体市场已经不能束缚消费者，即使最偏远的山区也逐渐被网络化，虚拟购买逐渐抢占实体购买的风头。一方面，虚拟购买场景有着不同于实体购买的规则，包括吸睛规则、排名规则、评价规则、试用体验、支付规则等，不能沿用传统的实体规则，品牌要在虚拟市场取得竞争优势，需要重视其特有的购买场景。另一方面，虚拟市场与实体市场的品牌影响力可以互相延伸，品牌需要对两个市场通盘考虑。

4. 从区域购买扩展为全球化购买

互联网让全球购买成为可能。同时，消费者在全球范围内的活动日益频繁，他们的消费视野也投向全球，进行全球化比较、全球化选择。为满足这种需求，越来越多的企业将目标消费者扩展到了全球，因此，对品牌理念、品牌定位、品牌竞争与品牌推广进行全球化布局成为必需。

（六）消费者购买理论大进化

新型消费就是"分享观念"。

互联网"下半场"的新型消费集中表现为"分享观念"。分享影响消费的工具，观念影响消费的内容。任何新型消费都要千方百计地扩大分享，归根结底是影响观念。

这一理论的完整环节如下：引发关注（Attention）→影响观念（Idea）→搜索、比较（Search&Compare）→购买行动（Action）→分享（Share），如图1-7所示。

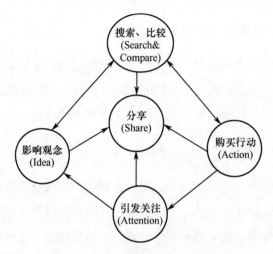

图 1-7　互联网时代消费行为循环模式

事实上，前 3 个环节都围绕着"观念"做文章，是影响观念的 3 个步骤。其触点在于"引发关注"。任何可能暴露在消费者面前的产品、宣传品都是触点，关键在于如何"引发关注"。"影响观念"是"引发关注"后要达到的实际效果，这提醒我们，"引发关注"只是手段，不是目的，真正的目的是"影响观念"，而"搜索比较"则从侧面佐证品牌。因此，"搜索、比较"与"影响观念"之间是双箭头，互相影响。

在"购买行动"这一阶段我们要关注全渠道购买流程的顺畅、快速，为单次购买画上句号。但"购买行动"只是阶段目标，不是最终目标。新型消费不断扩大的秘密在于"分享"，我们必须致力于每次"购买行动"的"分享"。

"分享"这个动作可以随时切入，消费者可以从其余 4 个步骤中的任何一个步骤直接跳至"分享"，这是因为新型消费的分享是随时、随地、随机的。"分享"更大的意义在于可以发起下一轮消费行为。每个当前消费者的分享，都可能激发他所属朋友圈的购买可能。我们看到朋友买到的商品及他对商品的评价，如果恰好有需求或有潜在需求，那么便会直接激发购买欲望，迅速做出购买决策。

因为分享的存在，消费者与品牌的关系也变成了合作和深度参与。正如小米宣传其成功的秘诀在于"参与感"。品牌营销必须从原来以产品、品牌为中心过渡到现在的以人为中心，融入消费者全新的互联网生活方式，才能进入消费者的购买视野。

三、变化的产业链：跨产业赢家通吃

互联网信息技术的渗透，促使许多行业去中间化，行业界限模糊，加速融合。

从现在互联网巨头的布局来看，它们已经不再局限于单个产品或单个平台本身，而是普遍以公司品牌、产品品牌或平台品牌为核心，整合相关产业链，开展对用户的"圈粉"运动。

（一）品牌跨产业链膨胀的 n 次方

2017 年 7 月 8 日，马云的第一家无人超市"刷爆"媒体圈。3 天以后，马云在致阿里巴巴全员的邮件中宣布："集结阿里生态体系内的所有力量，全力投入建设'五新'（新零售、新金融、新制造、新技术、新能源）。"

这"五新"意味着阿里巴巴对传统行业的进一步颠覆和掌控。跨越五大传统意义上相互区分隔离的行业，阿里巴巴生态支撑下的阿里品牌对内显示出强大的整合能力，而对外，阿里巴巴即将进军的新领域也因为阿里强大的品牌效应而获得了超常的关注和反响。

与此同时，腾讯与京东的扩张，也彰显着品牌跨产业链膨胀的威力。它们联合推出了全新的战略合作项目——京腾计划，双方以各自资源和产品共同打造名为"品商"的创新模式生意平台。腾讯公司的 CEO 马化腾表示，全球范围内也没有社交和购物联合的先例。

除了联手打天下，双方还在各自的版图内加强"圈地"。

早在 2017 年年初，刘强东曾宣布，未来 5 年，京东将在全国开设超过 100 万家京东便利店。2017 年 6 月，京东宣布与东华软件股份公司达成战略合作，打造基于实体医院的互联网医疗健康闭环服务。

腾讯的野心在于把"连接一切"作为战略目标，提供社交平台与数字内容两项核心服务。其推出的"智慧城市、智慧家庭"等正整合腾讯资源在各个行业的扩张版图。

好生意的定义是什么？今日资本的徐新说："好生意就是消费垄断。"

目前看来，以资本撬动、品牌联动为主的互联网巨头正在制造垄断，并且这种垄断正在形成对产业链和相关跨产业链的控制，它们的品牌影响力以让人吃惊的速度从最初的产业扩张到许多新型的产业，显示出强大的扩张力和整合力。

（二）跨界+品牌，成功的马太效应

马太效应，是指强者越强、弱者越弱的现象。

在互联网巨头强大的品牌扩张进程中，强势品牌不断打破旧规则，制造新规则，不断跨越行业障碍，占领新的行业领地，所谓成功者更成功；而部分弱势品牌却逐渐沦为强势品牌的附庸，丧失发展主动权；又或者新生品牌的生存空间逐渐被蚕食，发展困难。

强势品牌不断跨界、不断复制成功的背后，有资本的推动、有定位的准确，也有商业模式的精准，但是，相比同样具备资本和模式优势的新生品牌，已经获得成功的强势品牌展现出强大的品牌关注度和行业扩张能力。尤其是平台类品牌，所属行业跨度大，进军新领域时，品牌影响力能快速延伸。

当一个强势品牌沿着产业链的方向或相关产业链的方向扩展时，其品牌就不断积累起对产业链的整合能力。例如，顺丰从中国到国际市场，从速运、冷运到顺丰优选，再到顺丰家（虽然模式颇有争议，但其对快递最后一千米的布局也存在积极意义），其品牌影响力沿着快递业的中、上游向下游逐渐延伸，大大拓展了品牌的市场领地。

能够不断跨越产业界限,很重要的一点是品牌影响力——消费者对该品牌的认可度、忠诚度,助阵强势品牌强大的扩张能力。

(三) 从商业本质分析电商时代

商业的本质,是一个创造价值、交换价值的过程。如图 1-8 所示,选择价值、实现价值即为创造价值,传递价值、传播价值即为交换价值。

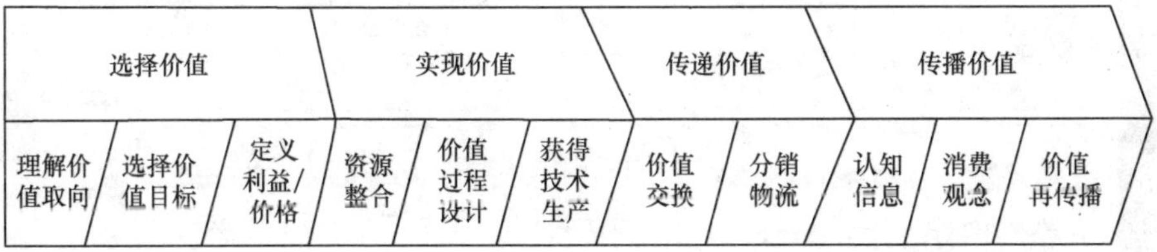

选择价值			实现价值			传递价值		传播价值		
理解价值取向	选择价值目标	定义利益/价格	资源整合	价值过程设计	获得技术生产	价值交换	分销物流	认知信息	消费观念	价值再传播

图 1-8 商业的本质是一个创造价值、交换价值的过程

电商时代,商业发生了什么变化?

在传统商业时代,电商仅仅是渠道。

在网络时代,电商是:

——对流通链的一次革命!

——对供应链的一次重组!

——对产业链的一次优化!

——对价值链的一次再分配!

图 1-9 所示为中国主要电商战场版图。由图 1-9 可以看出:

传统层级传递的流通链已被 C2C 平台、B2C 平台所打破并缩短。而传统深受地域、交易模式局限的供应链也被 B2B 平台、支付、物流等电商新事物所重组。平台类企业跨产业链四处拓展,产业链在寻求最优化的整合模式。

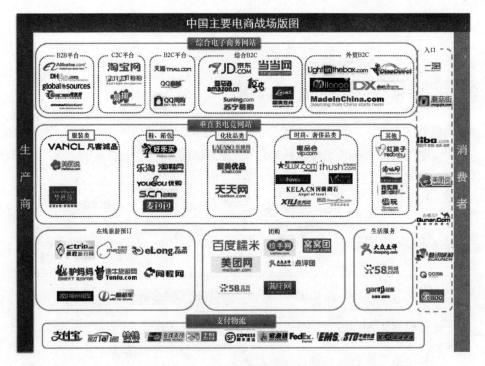

图1-9　中国主要电商战场版图

这种种变化，打破了传统的价值分配模式。

电商时代，品牌不能仅是修修补补，必须进行系统再造，满足电商时代对流通链、供应链、产业链及价值链的全面革命，在重塑中全面应对互联网"下半场"的竞争。

四、变化的品牌观：传统品牌战略遭遇互联网挑战

当所有企业都在忙着进行"互联网+"建设时，品牌建设似乎不是最急迫的，又似乎是被人们所熟知的。但事实上，企业的互联网再造与品牌再造是相辅相成、协同共进的。企业要进行互联网再造，品牌也要同步再造。

从品牌再造的外部动力来看，人们的品牌观念早已改变，原有的品牌战略、品牌形象、品牌沟通方式都需要随之调整，品牌再造迫在眉睫。

(一) 传统营销的根基被颠覆了

传统营销的根基是消费者的需求。

企业的关键任务在于判定目标市场消费者的需求和欲望,并且比竞争者更好地满足消费者的需求。

1. 消费者的需求变了

传统营销观念的消费需求中心论基于消费者的需求,假定消费者的需求是相对不变的,而且可被外界洞察。

但需求本是不固定的,会随着环境条件的变化不断变化。消费者之间相互影响,消费者与生产者互动互生,互联网更是改变了人们对传统事物的认知,提供了越来越多的新鲜选择,人们的需求因时而变。

消费者对需求的表达也发生了改变。消费者要随时随地自主表达自己的需求,而非商家过时的猜测。例如,消费者要直接参与产品设计,就像小米手机的参与式研发。

消费者对需求的实现方式也发生了改变。消费者喜欢互动、偏好定制、个性化,这满足了消费者对每种商品的独特要求。

所以,传统的消费者导向变成了假象。消费者已变,品牌营销策略必然要改变。

2. "顾客需求"是动态生成的

传统营销观念认为,消费需求是已经存在的,营销只是去发现并满足顾客这部分潜在需求。

但顾客"需求"并非独立的主观意识,它并非是静态地等待着被发现,而是动态地与外界环境共同造就的。因为顾客的购买行为不可能脱离客观环境而自主生成,是由卖家、其他买家、竞品等外界环境共同营造的,所以,当外界环境发生变化时，顾客的需求也会或早或晚地发生变化。

3. 消费者的"理性"是生产者引导的

传统市场营销学认为消费者是理性的，会选择对自己最有价值的产品，但"什么是最有价值的产品？"有时候消费者也难以判断。

消费者判断价值的标准是什么？这个标准是从哪里来的？是生产者引导的。互联网时代，各种信息平台、社交平台、自媒体平台都可以为企业所用，消费者所接收的信息很多是企业设计的，消费者的思维模式也往往是品牌所引导的。

当传统营销的根基被颠覆，我们就需要从传统营销中走出来，寻找适合互联网时代的品牌思维。

（二）品牌互联网思维的营销三要素

图 1-10 所示为品牌互联网思维的营销三要素。

图 1-10　品牌互联网思维的营销三要素

1. 引起关注

首先要让消费者注意、关心、关注你，通过刺激的手段使消费者关注你，这就是第一个要素。

什么可以引起关注？引起关注有许多方式，例如，制造新闻、制造概念、制造热点、表达关心、引领潮流、升级技术等都可以引起别人的关注。难点在于，互联网时代百花齐放，注意力资源变得稀缺，消费者的关注力难以获得，这考验着品牌对人性的洞察与对沟通方式的创新应用。

2. 影响观念

引起关注的落脚点在于影响消费者的观念，洞察消费者的旧观念，消除消费者的顾虑，植入新观念。

影响并改变消费者的观念，让其接受产品，一旦改变了观念，接受了产品，就可以在这种观念下锁定一种需求，不断地把产品卖给消费者，建立一种稳定关系。

3. 建立关系

建立品牌与消费者间持久稳定的关系，是一件可以长久获益的事情。互联网让"一锤子买卖"变得更少，消费者掌握着评价和分享的主动权，买卖不是目的，建立关系才是长久获益的开始。

要着力经营消费者关系、建立稳定的互动机制、扩大粉丝资源，并且增加粉丝忠诚度和持续消费。互联网变化越快，粉丝资源就越会成为筹码。

（三）传统品牌观 vs 互联网品牌观

从传统品牌观进入互联网品牌观，我们发现了 8 个不同侧面的重大转变，如图 1-11 所示。

	传统品牌观		互联网品牌观
1	以生产为中心		以消费者价值为中心
2	企业主导		生态主导
3	顾客思维		粉丝思维
4	产品核心	vs	价值核心
5	货物到达		信息到达
6	持续积累		爆发增长
7	区域品牌		小众品牌
8	营销一元化传递		个性化聚合

图 1-11　传统品牌观 vs 互联网品牌观

1. 以生产为中心 vs 以消费者价值为中心

传统品牌观以生产为中心，如同打靶。品牌方生产产品，再通过市场细分、品牌传播找到目标消费群体，如图 1-12 所示。

图 1-12　以生产为中心的传统品牌观

互联网品牌观以消费者价值为中心，追求品牌价值的黏性。在产品定位前会先进行消费者细分研究锁定，或者利用大数据、会员系统进行消费者个性化定制，如舒朗、红领的定制西服；在产品研发设计期间会邀请消费者参与互动，如小米的研发参与；在传播分享期间会充分调动消费者的积极性，如利用点赞、分享、好评等机制鼓励消费者再传播，如图 1-13 所示。

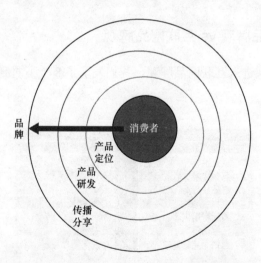

图 1-13　以消费者价值为中心的互联网品牌观

2. 企业主导 vs 生态主导

传统的品牌观与品牌运作由企业主导，企业虽然重视消费者，但消费者没有形成聚合力量，缺乏沟通平台，因此，企业自身认知和做法在很大程度上决定了品牌的走向。

互联网品牌观由互联网打造的各种平台生态圈主导，整个生态推动企业逆向改革。先进则进，后退则退。在各种购物平台上，各家竞品的品牌理念、销售策略公开展示，再用消费者评价提供佐证，品牌孰优孰劣一目了然。在各种社交平台上，品牌口碑透明化，推动企业加强品牌建设或进行危机公关。

3. 顾客思维 vs 粉丝思维

顾客是模糊不清的一群人，可以将他们以年龄、收入等类型进行粗放划分。顾客思维是一种主客二元化思维，包含客套、礼貌、买卖。在品牌营销中，顾客为产品、功能和服务买单，他们与企业是利益关系、买卖关系，很少有企业重视并建立忠诚的情感联系。

但互联网张扬了人们的个性，被动的顾客变成了主动狂热的粉丝。粉丝是个性化的个体，他们通过风格化聚合成一类人，他们有清晰的标签——喜欢某明星、某种设计风格，或简单直白或叛逆自立……他们为情怀、理念和价值疯狂。他们与品牌间形成的是粉丝思维，是一种接近一体化的黏性思维，包含喜欢、支持和拥护。因此，品牌在营销中不能只看到某一群体的大概轮廓，而应该看到生动、有情感、有偏好的个人。

4. 产品核心 vs 价值核心

传统品牌观以提供高质量产品为基础，主要依托实体经济，品牌的附加值更多地体现在功能、情感与身份上。互联网品牌观以"为用户创造价值"为基础，依托的是虚实结合的经济，品牌的附加值更多地体现在情怀、资源、连接和归属上。

5. 货物到达 vs 信息到达

传统品牌依赖货物到达，讲的是终端为王；互联网品牌依赖信息到达，弱化了货物存放位置对消费者的影响，信息与购买协同，只要信息有效到达，便可一键下单购买。

6. 持续积累 vs 爆发增长

在传统品牌营销模式下，传播通路被大多数媒体控制，企业缺乏话语权和自主沟通媒介。多数品牌从弱到强，有一个漫长的成长、积累过程，需要从小做大，如同水滴石穿般坚韧。它们的成长是精耕细作的结果，需要经历品牌塑造、品牌传播、区域品牌、品牌传播、三线品牌、二线品牌、一线品牌的漫长过程。

个别资金雄厚的品牌虽然可以用一个广告广而告之，但因为消费者有传统的论资排辈的意识，相对更信任老品牌，因此，新品牌必须从行业新秀逐步熬成行业前辈。

而互联网"下半场"品牌跳出了区域界线，跳出了传统媒体有限传播的束缚，可以实现非线性的爆发式增长。1500万元的聘书使任泽平成了话题人物，"双11"销量第一、选秀舞台、朋友圈疯传也都是一夜爆火的神器。品牌发展已然进入快时代，仿佛一夜之间，某个品牌就火遍朋友圈。这得益于越来越开放的互联网资源，也得益于消费者口碑平台的大解放，还有人们对新鲜事物的热情拥抱。一个新秀品牌若策略得当，把握好消费者心理与传播热点，就可以借助互联网强大的营销资源，快速深入人心，异军突起，获得爆炸性增长。

7. 区域品牌 vs 小众品牌

传统市场中的地域局限造就了区域品牌这样的概念。人们根据品牌不同的市场覆盖区别出一、二、三线品牌，分别对应的市场一般是全国、省、市县。企业要成为知名品牌，通常需要从小区域一步步做大。

但互联网时代，大家都可以面向全网开展业务，区域品牌的概念淡化了，代之以小众品牌的概念。再提一、二、三线品牌，对应的不再是区域概念，而是服务能力和品类覆盖，如一线品牌做整体服务，二线品牌做细分人群，三线品牌做产品配套。

需要特别关注的是，互联网打破了大众媒体的垄断，信息愈加碎片化，消费者关注的是有限的圈层化信息，越来越追求同质化社会的差异化自我，我们已进入了小众市场。在一个圈子里被热爱的品牌可能在另一个圈子里人们一无所知，每个圈子都可以形成自己的品牌。企业可以从小众品牌做起，逐步扩充产品线或推向大众市场。如果再以区域划分互联网市场，必然会失去大批细分市场。

8. 营销一元化传递 vs 个性化聚合

传统的品牌营销注重品牌识别系统的统一，追求营销活动的一元化。既要把广告、公关、促销、包装等传播活动统一在同一营销策略内，又要把品牌统一的信息传达给顾客。在这种形势下，传播内容是从品牌到用户，是单向的宣讲，如图 1-14 所示。

互联网时代，品牌传播由品牌单向的传递转变为消费者互动的聚合。所谓聚合，就是消费者带着某种兴趣或目的，对互联网的海量信息进行技术或人为挑选，从中获取更有价值的、个性化的信息，形成对某一事物的整体认知。其典型代表就是内容搜索。在这种情形下，消费者不再被动地接受广告，品牌最终的形象也不是单向输送，而是通过互动建立在消费者的内心，如图 1-15 所示。

图 1-14　传统媒体品牌形象传递模式　　图 1-15　互联网媒体品牌形象聚合模式

第二章

战略思维转型——从不变到应变，
先转脑后再造

变化带来危机，逼迫企业离开原有的舒适区，进行品牌战略调整，寻找新出路。

如何再造，思路决定出路。如果你的品牌运作方式停留于传统思维，却还期待互联网再造，难免会有"身在曹营心在汉"的身心分离感。因此，我们需要厘清这个时代的品牌制胜思路，先转脑，后再造。

变化带来危机，逼迫企业离开原有的舒适区，进行品牌战略调整，寻找新出路。

从品牌再造的内部价值来说，互联网再造侧重于业务模式的再造，品牌再造侧重于战略资产积累方向与对内对外沟通策略的调整。品牌再造为互联网再造中的品牌溢价、业务延伸与跨界整合提供了强有力的背书支撑。

如何再造，思路决定出路。品牌再造，并非转身那么一个潇洒的动作。如果你的品牌运作方式还停留于传统思维，却还期待互联网再造，难免会有"身在曹营心在汉"的身心分离感。因此，我们需要厘清这个时代的品牌制胜思路，先转脑，后再造。

一、识别变化，洞察危机

（一）消费者变化之危

1. 难获取，易流失

消费者的注意力被铺天盖地的产品、广告和活动所稀释，获取新用户的成本和难度大大提高。即使高成本获取了客户，也很容易因新产品、新模式带来的刺激而流失。

2. 高付出，低回报

互联网推动各行业在全网层面展开竞争，企业必须付出比之前高出多倍的成本或出让更多利润才能保持客流量。同时，大量同类品牌集体涌进互联网平台，而已经逐渐形成垄断的互联网平台又不断抬高进入门槛和排名规则，导致品牌运营成本的上升。

然而，成本的上升并不意味着利润的上升。互联网各种免费模式、花样促销模式与土豪资本烧钱模式导致企业不得不被动参与价格战，盈利空间并不理想。

3. 广分布，窄聚合

消费者就在网上，就在手机那头，他们空前活跃，但也空前分散。以前一张报纸、一个电视节目锁定的大批消费者，现在已经分散到若干兴趣群组、空间和视频背后了。

消费者因兴趣而集群，不同社群间沟通难度加大。他们的购物兴趣也变得多元化，个性化产品与定制模式挑战传统的先生产后分销模式。聚焦式的品牌营销实施难度加大，需要依靠大数据跟进消费者善变的轨迹。即使聚焦式的事件营销，也需要多个整合传播平台通力向外扩散。

4. 了解流失的顾客，研究争取不到的顾客

通过研究这些顾客，或许可以发现自身的问题，并持续不断地改进，不出意外，你还能赢得这些顾客的尊重。如果条件允许，建立社群，让这些顾客拥有稳定的与品牌沟通的渠道，在重视参与的互联网时代，他们可能会成为品牌的"死忠粉"。

（二）竞争对手变化之危

互联网"下半场"为品牌带来了意想不到的竞争对手。电信行业没有想到它的对手是微信；苏宁和国美竞争多年，京东却异军突起。

品牌需要重新定义竞争对手。这一过程不能再以传统竞品为假想敌，而应当围绕目标顾客的需求或未满足的需求展开搜索，所有可能满足客户需求的品牌都有可能成为竞争对手，而竞争对手的变化带来的危机促使企业必须掌握新的竞争策略。

1. 跨行业竞品异军突起

互联网仿佛开辟了新的竞争通道，那些没有形成领军企业的行业，或者领军企业还没有踏入这个通道的行业，又或者新兴的行业，都可能面临意想不到的竞争对手的野蛮生长。小品牌可能还在拼流量，拥有大量跨行业粉丝的陌生

竞争对手早已直接将粉丝流量变现了，如自带流量的明星开服装店，以及网红卖车。粉丝流量可以跨行业转换，让竞争对手的进入壁垒降低。

2．全新模式打破竞争规则

传统品牌广告、公关已经跟不上形势，资本土豪的免费、价格补贴、共享、众筹、粉丝经济等模式不断刷新竞争成本。互联网精英们不按套路出牌，例如，运营多年的出租车市场可以被几个打车软件所撬动，高额的电话费直接被微信给免掉了。这些竞争对手不在一个传统维度拼价格、拼速度，而是直接重新定义市场规则。

3．大平台蚕食小企业

当小企业遇见大平台，自然是鸡蛋碰石头。大平台制定游戏规则，但它们同时也参与赛跑。京东自营与品牌旗舰店竞争，淘宝海外购与海淘抢客户。对于小品牌来说，品牌与价格可能很难同时具备优势，局势逼迫，不得不更加抗击打、更加优秀；又或者不得不转变策略，另寻出路。

二、诊断品牌，认知自我

危机中有生机，有顽强生存下来的，也有抓住危机之机"逆袭"的。面对外部环境变化带来的危机，关键是能够顺势而为，不能固守老一套。

好的调研是成功再造的开始。通过系统调研进行品牌诊断，可以发现品牌与新环境的脱轨之处，找到品牌再造的切入点。

（一）品牌价值与时代精神

当品牌目标消费者的价值追求随时代精神而变，开始追求时尚、分享、平等时，品牌的价值观如果依然坚守传统、独享、权威，那就属于典型的"三观"不合了。消费者会认为该品牌与自己不是同类，又如何进行深度接触呢？

巧定品牌价值观赢得新市场

价值观是高层次的"三观"相合、精神相同。如果品牌在潜在市场中发现那些缺乏共鸣、渴望共鸣的新人群，它就获得了新的市场机会。通过品牌价值观的巧妙选择，洋河在白酒行业看到了新机会，跳出香型定位、档次定位的局限，锁定了追求情怀的商务群体，推出了"蓝色经典"，以男人的情怀与消费者进行价值观的共鸣，很"走心"地获得了新商务人群的认可。

（二）品牌定位与竞争环境

当外部市场环境发生变化时，品牌需要进行适应性再定位，以跟上新形势。系统定位有表 2-1 所示的 8 个层面。从表 2-1 中看到，品牌原有的市场定位全面遭遇了移动互联网带来的全新挑战，品牌再造迫在眉睫。

表 2-1　系统定位

序号	定位类型	内容说明	竞争挑战
1	客户定位	客户阶层、偏好、收入等	用户在成长，他们拒绝被标签化、拒绝被分类，要求主动定制
2	竞争定位	市场领导者、挑战者、跟随者、补缺者	平台型、生态型企业出现，大量企业沦为生态模块，被动应战
3	市场定位	高、中、低端，小众或大众市场，区域或全国市场	新的跨界方式、市场划分方式及线上线下全渠道市场出现
4	品类定位	品牌锁定的行业品类及品项	跨行业、创新的品类划分方式
5	功能定位	品牌为用户创造的物质或精神价值	虚拟产品出现，产品同质化严重
6	价格定位	产品所处价格带或价格变动策略	免费模式、分成模式、补贴挑战收费模式
7	形象定位	市场形象与社会形象	传统形象同质化，不改变就被淹没，同时用户有新的形象偏好，不适应就落后
8	传播定位	传播策略、独特主张	新媒体不断涌现，全新的组合和轻盈互动的沟通方式

（三）品牌个性与消费者变化

你的品牌看起来像哪个年代的人？70 后、80 后，还是 90 后？你的品牌喜欢的沟通方式是严谨还是好玩？你的品牌内敛还是张扬？时代变了，主流的消费人群有了个性鲜明的变化。他们更个性、更张扬，他们喜欢活得任性、玩得痛快。同时，也出现了一部分非主流人群，他们追求复古、欣赏经典。消费者不再是一张长期不变的面孔，品牌需要及时解读新的消费潮流，如图 2-1 所示。

来自品牌的表白：你喜欢生命多彩，
我给你五彩斑斓！

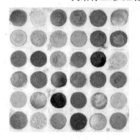

图 2-1　品牌要及时解读新的消费潮流

另外，以年龄段区分消费者的方式已遇到新的挑战。你的品牌多年前定位的 20～30 岁人群，早已不是同一批人，他们的个性需要重新解读。品牌个性若保持不变，便会落后于消费者的成长轨迹。

消费者个性的变化会反映到品牌个性的变化上。消费者的平等意识觉醒，他们不必勉强自己喜欢那些高高在上的品牌，他们希望品牌个性能与自己同步，也乐于分享那些与自己有共鸣的品牌。所以，缺乏鲜明个性的品牌或与目标消费者个性不搭的品牌，急需改变自己。

（四）品牌策略与竞争模式

传统的品牌竞争策略主要包括差异化战略、总成本领先战略与专一化策略。

在互联网"下半场"，这些竞争策略有了新的内涵与挑战。

产品同质化淹没差异化——产品差异化越来越难，更多的是从服务、价值创造、精神体验等层面创造差异化。如果坚持要走产品差异化路线，就需要借助大数据深入研究变化中的消费者，做到足够精准的人群定位和技术创新，以占领小的细分人群市场。

免费模式颠覆总成本领先——总成本领先已进化到疯狂扩张领地的免费模式。打破常规的竞争者通过免费模式圈粉，再寻求粉丝变现，其所到之处一片烧钱抢人的飓风刮过。被其扫荡过的行业，小品牌只能寻求做大品牌的生态拼图板块，进行业务模式调整。

市场巨变挑战专一化策略——专一化策略只有方向对了，适应市场需求了，才会有深厚的积累。否则，朝着市场逃跑的方向专一努力，只会越来越远。诺基亚、黑莓的专一就是没有看清市场方向，没有主动拥抱变化，结果被市场淘汰。

三、思维创新，先转脑后再造

真正决定再造了，关键就是思维的改变。否则，用老的思维解决老的问题，还是走不出老的圈套。

思维的改变是从上到下的，包括品牌主导者思维的改变，也包括员工思维的改变，具体又落实到各种工作机制的改变。分享、互动、平等、扁平化这些互联网时代的精神，其实更回归人性，只是我们从未尝试。

（一）错误的品牌再造思维

1. 线上销售就是互联网再造吗

线上销售就是互联网再造吗？不是的。事实上，企业互联网再造是一个系统战。头疼医头，脚疼医脚，缺乏系统规划，传统与现代将自相矛盾。战略、组织、思维、产品都要系统再造，如图 2-2 所示。例如，增加线上分销网络，如果不能转变网络营销思维、系统协调全渠道产品体系、网络宣传、引入消费者参与机制，不能建立与竞品间的真正差异，那么，仅仅是增加了一条销售渠道，难免陷入自身的内部竞争。

2. 有公众号、二维码就是互联网传播吗

有公众号、二维码就是互联网传播吗？不是的。事实上，没有互联网的传

播思维，二维码收集的粉丝很可能会全部沉睡，变成了"僵尸粉"。

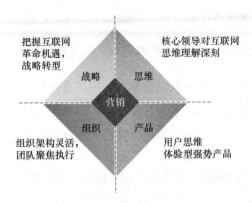

图 2-2　传统企业转型互联网的关键

3. 传统品牌可以直接复制到互联网上，传统品牌策略和互联网品牌策略是同一个规则吗

传统品牌可以直接复制到互联网上，传统品牌策略和互联网品牌策略是同一个规则吗？不是的。事实上，互联网已经改变了品牌生存的时空概念、沟通方式、售卖方式，如果品牌策略不变，无异于刻舟求剑。

4. 品牌的敌人还是原来的竞品吗

品牌的敌人还是原来的竞品吗？不是的。事实上，其他行业野蛮的竞争对手已经悄悄潜入你的市场了。新闻平台做网购，网购平台做零售，依靠粉丝，意想不到的竞争对手在异军突起。

5. 消费者没有变，只是去了互联网吗

消费者没有变，只是去了互联网吗？不是的。事实上，互联网时代的消费者已经不是传统的消费者了。他们追求时尚、便捷，喜欢平等与沟通，他们随时随地购物，已经互联网化了。

6. 品牌互联网再造应彻底否定品牌原有的积累，从零开始吗

品牌互联网再造应彻底否定品牌原有的积累，从零开始吗？不是的。事实

上，品牌原有的会员积累、商业资源、媒介资源、顾客认可的品牌优势等都值得继承，避免我们从零起步。

7. 品牌再造必须依托于企业现有资源，谨慎推进吗

品牌再造必须依托于企业现有资源，谨慎推进？不是的。事实上，没有资源整合意识，单兵作战，这不是互联网思维。当别人借助互联网平台资源整合资金、整合闲置物品、外包业务时，我们只靠自己就落后了。

（二）甩掉思想包袱，思想对了，成功就近了

1. 百年历史也要年轻态

与成长的粉丝一起活在当下。

2. 丢掉等级意识

再没有二、三线品牌，给粉丝一个理由、一个价值，你就是他们心中独特的存在。喜欢的、小众的、低调的，粉丝重新定义他们要的品牌。

互联网时代不欣赏以老大自居，自大乃是最大的错误。

3. 把指挥中心交给用户

不要围着产品转、围着公司转，要围着用户转，以用户的意见、欲望、不满来调整品牌再造的方向。

例如，淘宝品牌七格格有上万名忠实粉丝和很多 QQ 群，每次上新款，都由网友投票，反复几个回合再上架，由消费者决定款式的走向。消费者很享受这个过程，七格格用了半年时间就在同类中名列前茅。

4. 放下身份包袱

放下偶像包袱，你的品牌才能和粉丝平等地做朋友，才能让粉丝在一声"亲"、一句"谢谢宝宝"中感受到满满的诚意。

5. 包容意见就是培养铁粉

互联网"下半场"培养了民主和分享的用户气质，用户更喜欢参与、喜欢提意见，越参与越忠诚。那些不听取用户意见的品牌，更像在唱一出独角戏。

6. 产品体验化、极致化

品牌的基石在于产品。当互联网让用户更轻易地获得更多款式、价位、体验的品牌时，只有给予顾客极致品质和惊喜体验的产品才更容易胜出，同时配合品牌效应，获得持续的品牌溢价能力。

四、品牌是整合产业链的核心力量

在传统市场，品牌是企业内部资源通力打造的一个符号和旗帜，企业所有的资源、营销的努力，都会汇聚、叠加到品牌价值上。

在互联网"下半场"，行业平台、资源更为开放，互联网显示出强大的整合力量。部分企业因此放松了对品牌的投资建设，单纯依靠互联网技术驱动。然而，互联网技术仅仅是工具，不是整合的力量，它可以帮助我们打到更多鱼，却不能帮助我们发现正确的航向，打造强有力的舰队。真正具备整合力量的是品牌，它可以整合内部资源，更可以调动外部资源，并让所有的外部资源通过品牌整合成为企业的有机整体。

如图 2-3 所示，以服装产业为例，在传统市场，我们通常以消费者需求为核心构建一个品牌，并将品牌打造成知名品牌。

在互联网"下半场"，我们可以以品牌的高额附加值和社会影响力为号召，充分整合社会资源，A 公司的设计、B 公司的车间打版、C 公司的面料……整个产业链为我们做利润不高的外包工作，我们作为品牌商则赚取利润最高的品牌附加值。

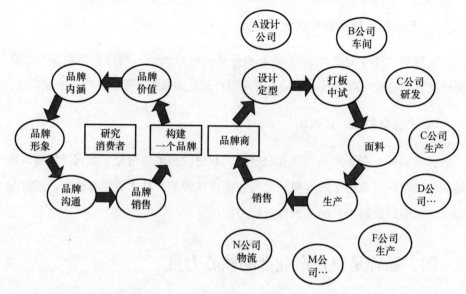

图 2-3　品牌是整合产业链的核心力量

五、启动转型，系统再造

（一）品牌再造体系

在新的市场环境与消费环境下，传统的品牌建设理论体系以不变应万变显然出了问题，必须改换思维，重新建立理论体系，必须革命和再造。

品牌再造体系以战略思维转型为起点，涵盖价值再造、沟通模式再造、销售模式再造、生态再造与运营再造，如图 2-4 所示。

本书将在后续章节分别讨论各个板块的再造。

建议分阶段开展品牌再造。特别是在再造中与原有既得利益者、团队的固有做法产生冲突的地方，应尽量避开。可以先从协同度较高的部分开始，逐渐培养团队配合度，或者重新组建团队、开辟市场，新旧并行，逐渐培养团队信心后，用新品牌模式替换旧品牌模式。

图 2-4　品牌再造体系

（二）品牌再造类型

品牌再造，思维需要清零，带着空瓶心态才能适应新变化，但是品牌再造建立在已有的品牌资产之上，原有的品牌基础仍需要择其精华来继承。

根据企业原有品牌基础的优质与否，可以考虑如下几个品牌再造类型：

1. 创立新品牌，另起炉灶

如果老品牌有成熟的品牌体系，且有一定的发展前景；或者新老品牌间业务模式冲突很大、协同度不强；又或者老品牌团队及利益相关方排斥品牌再造，可以考虑保留原品牌，同时创建新品牌，另起炉灶，轻装上阵。新品牌与旧品牌在产品、服务、营销等方面形成差异，新旧并行。

为保持新品牌的市场竞争力，一定要与老品牌形成差异，最好是品类的差异化。如果仅仅是起了一个新品牌名，其他套路不变，那依然得不到新的市场空间，并且还会与原有老品牌形成恶性竞争。

2. 老品牌升级再造

如果老品牌遭遇发展困境，再不升级将难以突破，同时老品牌团队认可品牌升级理念，应当考虑整体品牌升级再造。从苏宁到苏宁易购就属于老品牌升级，全面再造。

升级再造应该找准切入点。

（1）展开品牌调研：找准消费者与客户需求的变化，把脉竞争态势，定位品牌升级的方向。

（2）继承品牌资源：分析老品牌成熟的品牌资源和核心竞争力，找到品牌继承点，随后升级整体规划。

（3）全面升级再造：结合新的竞争环境，对品牌目标市场、人群定位、竞争策略等进行全面策划。

（4）沟通并且调整：针对品牌升级进行内部沟通，并做好相应的团队、管理调整。

（5）分阶段执行：需要协调好相关利益部门，调动团队、经销商等的积极性。程序上可先树立几个升级样板，逐渐带动团队热情，再分阶段、分部门完成升级。

3．开发副品牌，带动老品牌

品牌影响力较大、足以驱动新品牌的成熟品牌，在品牌再造时可以采用稳住老业务，开辟新业务的方式，采取主副品牌策略进行升级过渡。采用这种策略，副品牌可以借势主品牌，主品牌又可以得到形象升级。华为与荣耀之间的互相支撑，就属于副品牌带动主品牌再造。

为避免老品牌的传统运作影响新的副品牌，建议副品牌由专门的团队运作。具体操作时要注意如下几方面。

（1）选择性继承：副品牌可以选择性继承主品牌中一些用户基础好的资源，如价值理念、客户服务等，但要避免主品牌的束缚。

（2）避免同质化：副品牌要切实提升主品牌，在产品、体验、互动等层面有全新设计，与主品牌形成差异。

（3）避免冲突：厘清主副品牌间的责权关系，避免可能的利益冲突。最好先从一些样板市场做起。样板市场不限于线下区域，也可以是某个网络渠道。然后分阶段推进，并随时调整。

4．鼓励内部创新，开发子品牌

当企业内部创业氛围浓厚，且通过灵活的项目小组可以实现新品牌的孵化时，可以将企业创新成创业平台，鼓励内部创业。这种方式可以在企业内部涌现多个子品牌，时机成熟时加大投资和宣传力度。子品牌在管理层面有更大的独立性，相当于品牌升级的主角，而老品牌则成为背书支持。

如同海尔的创客模式，品牌再造完全可以充分调动团队内部的积极性，海选或者竞选产生小的内部创业团队，发展子品牌。芬尼克兹的内部创业，就是通过内部创业大赛形成跨职能的多个创业团队，并由公司员工投票投钱决定哪个团队胜出，营造了积极的创新再造团队。

六、战略调整，明确方向

思路打开了，让我们系统审视品牌战略吧！

市场环境变了，原有的品牌战略难免有脱轨之处。品牌战略调整需要站在互联网带来的冲击角度，把握未来的发展趋势，慎重考虑现有品牌战略调整的方向。

麦当劳的品牌再造团队认为，成功的品牌再造需要清晰的前进方向、始终如一的贯彻实施、公司所有员工自上而下的承诺。而品牌战略重审正是为了找到清晰的前进方向。

（一）重审品牌战略类型

首先，从品牌战略类型来看，通常品牌会从 5 个方向制定战略：产品品牌战略、产品线品牌战略（产品线宽度组合品牌战略、产品线深度组合品牌战略）、双重品牌战略、品牌延伸战略、品牌资产扩张战略。

当品牌从线下拓展到线上时，为了解决品牌内部冲突，可能需要从产品线品牌战略角度或双重品牌战略角度重新制定。

而当一个互联网时代的平台品牌涉足新的业务，与原有业务形成互补时，很可能会考虑品牌延伸战略。正如从顺丰快递到顺丰优选。

对于传统品牌来说，品牌战略调整需要考虑如下几个方面：

（1）现有传统品牌是否有助于拓展互联网市场？如果有帮助，可以考虑单品牌战略，反之，宜考虑多品牌战略。

（2）传统品牌所覆盖的产品线是否延伸不当？要谨慎选择互联网潮流下逐渐没落的那部分传统市场。

（3）构建参与型品牌战略。建立品牌与消费者之间的深度关联，使品牌在功能、价值上成为消费者追求的一部分。

（4）制定适合全渠道的品牌战略。对全渠道进行通盘考虑，避免条块分割和内部冲突。

（二）重审品牌愿景

品牌愿景需要坚持，但不是在某一维度内一成不变，而是随市场环境变化调整具体维度。

适应竞争态势的品牌愿景能够激励员工、区分竞品，并推动品牌发展。但当品牌愿景落后于市场发展时，品牌就会被带偏，更谈不上发展。曾经的联想、海尔，在还未走向世界时，就制定了做世界品牌的发展愿景，后期通过实施积极的成长战略，成功跻身世界品牌行列。

1. 环境变了，品牌愿景需要进行调试

虽然品牌愿景需要保持必要的延续，但如果品牌有新的竞争策略，需要再造，那么就需要根据实际情况调试品牌愿景。

为减轻团队对品牌愿景变化的排斥，可以保留品牌愿景中有关员工利益、精神价值等方面的要素，对其中涉及竞争力的要素进行调整，也可以在主要愿景上增加一些要素，体现品牌对于市场变化的调整。

2. 品牌愿景调试了，实质的支撑内容也需改变

品牌愿景不单是一种心愿表达，还需要有相应的支撑点和发展计划。例如，优质服务背后有无忧退货、全国联保等的支持。当品牌愿景根据市场变化做了调试，相应的支撑内容也需改变，否则，品牌愿景的实现、用户的信任感都无从建立。

（三）重审品牌价值观

品牌价值观是品牌文化的核心。它传达着品牌存在的社会意义、企业信奉的价值，指引着企业追求的利益方向。

品牌价值观可以增加顾客好感，为产品的功能性利益提供价值主张的支撑。

人们感觉海尔电器质量好，是因为张瑞敏砸冰箱，把"海尔将以品质为最重要核心"的品牌价值观刻在了人们心里。

重审品牌价值观，需要考虑品牌原有价值观是否与时代所推崇的价值观同步，是否与目标消费者需求共鸣，是否可以调动企业内部的各方面资源，是否可引领消费者未来的潜在期望，如何随消费者关注点的变化而变化，如何在全球化与本土化间进行考量，如何在社会责任与企业利益间取得共赢。

需要注意的是，一些企业的品牌价值观往往成为空洞的口号，甚至因为缺乏实际支撑而让消费者大感失望。那么，如何让无形的品牌价值观变得有形，

真正创造价值？

一方面，可以创造或利用一件能够代表价值观的产品、服务、人物或故事，让品牌价值观有支撑。

另一方面，可以实施一种能够体现品牌价值观的企业计划、活动，并坚持实施，增强社会认可。例如，为证明品牌价值观中的"保护环境"，企业每年坚持植树造林、节能减排等。

（四）重审品牌结构

品牌结构是指一个企业内部不同产品品牌的组合，它体现了各品牌的作用，以及在品牌体系中扮演的不同角色。合理的品牌结构有利于品牌之间的资源共享与协同并进。品牌结构释义如表 2-2 所示。

表 2-2　品牌结构释义

品牌结构	说明	类型
组合结构	各品牌的组合方式	多品牌组合、主副品牌、母子品牌
品类结构	各品牌所代表的不同品类	跨产品线品牌、产品线品牌、品项品牌
客户结构	各品牌所面向的客户群体	高端客户、中端客户、低端客户
业务结构	各品牌所在的不同生命周期	种子品牌、新秀品牌、明星品牌、颓废品牌
渠道结构	各品牌所在的不同渠道	线上品牌、线下品牌、微商品牌

品牌结构审核的重点是根据各品牌在互联网时代所处的市场位置和发展前景，优化品牌结构，调整品牌组合。有些品牌虽有利可图，但不符合互联网时代产业发展的潮流，应考虑逐渐退出或尽快再造。有些新兴品牌，业务虽小，但有很好的成长空间，特别是满足互联网新新人类需求的项目，应加大扶持力度。有的品牌组合比较单一，不能满足全渠道的竞争组合要求，需要进行重新规划。

（五）重审品牌延伸或收缩

轰轰烈烈的"互联网+"让许多品牌在拓展新空间的同时，也开展了品牌延伸，而有的品牌则收缩了一些传统业务，主攻互联网方向。这些延伸或收缩是否适当，都需要进行诊断。

品牌延伸是否无关联？品牌延伸后的新产品的品牌形象与原产品的品牌形象定位是否互相矛盾？如汽油品牌推出汽水品牌就有些奇怪。

品牌延伸是否太快？有的线下品牌进入互联网后推出了多个线上产品系列，超过了品牌的支撑力，透支了品牌资源。

品牌收缩是否过于武断？是否放弃了原本稳定的客户与现金流？传统行业不等于完全退出行业，如果运用得当，可以成为互联网化的根基。如可以对原有的固定客户与资源进行互联网服务升级，或由传统渠道带动全渠道营销。

（六）战略调整实施

新的市场环境下，品牌战略制定应从"长期规划"转向"变中求生"。

品牌新战略需要立足互联网下半场的发展大势，充分考虑行业发展阶段、企业核心优势、新的资源整合态势、新的消费趋势、人口结构变化和新技术。

实施品牌战略调整需要从以下 3 个层面系统运作。

1. 基于消费的价值体系

从消费者的角度出发，研究他们改变的需求、未被满足的需求、细分的需求、潜在未表达的需求及关联的系统需求，重新锁定品牌战略增长点，使品牌增长紧紧围绕消费者需求，如图 2-5 所示。

当通过一个需求价值的满足获得了消费者时，一定要想办法留住消费者，挖掘消费者的购买能力，提供整套解决方案。从小米手机到小米商城，小米正是通过提供一款"发烧"手机，满足手机"发烧友"的价值需求，从而锁定粉丝。然而，这并不是需求的全部，消费者还有配套的智能产品需求，同时也是小米的品牌影响力可以覆盖的，所以，这部分需求的市场又被挖掘了。

图 2-5　消费者需求价值挖掘

2．价值实现的组织体系

品牌组织者要充分考虑不同渠道结构、不同品类结构、不同利润结构等品牌结构因素，找出内部渠道冲突、资源争夺等症结，重新优化梳理，减少内耗，建立价值实现的品牌聚焦型组织。

（1）品牌组织再造是系统战。品牌再造不是某个人或某个小组的问题，而是整个企业共同的战略调整。要将品牌再造从书面落实到现实，需要成立专门的品牌再造小组，制定领导牵头、员工协同、以品牌为核心的品牌再造计划，强化内部培训，制订实施计划，并通过监督考核体系强化落实。

（2）品牌组织再造要有所继承。但品牌再造并不等于对原有组织结构的全盘否定，要注意保持组织某种层面的稳定性，不丢失原有的核心优势。

（3）品牌组织再造要适应平台化发展。结合互联网"下半场"平台化发展的趋势，可以搭建企业内部的平台架构，组建灵活的项目团队，缩短管理路径，实现组织结构的轻盈化。另外，要为企业与外部平台的对接留出路径，通过外包、分销等形式拓展企业平台辐射的资源。

3. 循环推进的激励体系

要建立循环推进的激励体系，形成品牌驱动式业务管理。要通过制定利益相关者的激励政策，让品牌再造的各个阶段与全员业绩挂钩、与部门发展挂钩，促进品牌再造落地实施，以业绩上升带动品牌再造。同时，在业务开展、业务管理中维护品牌、提升品牌，形成良性循环。

第三章

品牌价值再造——从"我"到"我们"，
品牌的共享时代

我们要解决的问题是：一个"素颜"的平凡品牌，如何在互联网环境下，通过整容般的演技变成偶像派，成为高端品牌，卖出高额附加值。

至此，我们已从变化中明确了危机，重新审视了自我，调整了思维模式，并重新展开了品牌战略，下一步，要展开微观的品牌再造工作。

我们要解决的问题是：一个"素颜"的平凡品牌，如何在互联网环境下，通过整容般的演技变成偶像派，成为高端品牌，卖出高额附加值。

值得注意的是，传统企业从塑造品牌到形成品牌影响力需要大量的时间和资本投入，但在互联网时代，品牌打造过程被加速了。互联网提供了一个随时互动的大舞台，信息传播空前加速，很多品牌甚至一夜成名。

传统企业可能会担心"我是三线品牌""我是区域品牌"，在互联网上如何突出重围？在互联网平台上，一开始格局就是全国范围，不受区域局限，需要切分的只是精准定位的细分市场，所以这是一种全新的挑战和机遇。

一、从"我"到"我们"，有"我们"才有市场

事实上，那些仅仅将品牌视为"我"的企业资产的，已逐渐被市场抛弃；而将品牌开放为"我们"所有的品牌，正大踏步地拥抱市场。

"我们"化的品牌时代已经来临。

红领西服从产品制作阶段就引入定制模式，那些定制的西服从一开始就不仅仅是红领的，还是消费者的，这就是"我们"的红领西服。淘宝发动万千店铺搞活运营，并将上市的敲钟仪式让位给来自各方的客户代表，这时淘宝的品牌沉浮就不仅是阿里巴巴的问题，这就是"我们"的淘宝。

主客对立的二元思维，只会让消费者用警惕的眼光打量品牌，而"我们"化的一体思维，让消费者共建、共享、共荣品牌。

对于消费者，应该从单向的追求忠诚到双向的追求喜爱。

当品牌从"我"的一元思维走出，告别主客对立的二元思维，进入"我们"的整体思维模式时，品牌就真正融入了市场，消费者也真正成为品牌共有的主

人，那么，品牌的市场就不是仅依靠自己单打独斗了。

"我们"的品牌观代表着从品牌塑造到原材料选择、产品设计、传播、销售、售后等各个环节都把消费者作为品牌的整体来考虑，品牌应为消费者而生，必须充分考虑消费者的需求，尊重消费者的心理，设置消费者的参与环节，创造消费者的购买乐趣。

（一）品牌为什么要从"我"到"我们"

1. 消费者已觉醒

消费者不满足于仅成为被动的购买者，会通过产品定制、参与设计、网络评论、社群互动、建言献策、主动选择等方式表达自己对品牌的参与。消费者懂得维护自己的权益——会通过消费者协会、媒体宣传、网络曝光等形式表达自己对品牌的意见。消费者也有了更多的购买选择——更多的信息源帮助他们获得选购知识，更多的全球产品帮助他们选择理想产品。

消费者向尊重自己的品牌投票。如果品牌商家心中没有消费者，只是按照自我意愿规划品牌，然后想尽办法将自己的产品推给消费者，很有可能会背离消费者的购买偏好，从一开始就失去了市场。

2. 竞争品牌全力争夺用户

互联网时代，不少人喊出"用户为王"的口号。即使没有找到盈利点，也有不少企业花重金抢夺用户，用户多了，盈利模式则可以逐步摸索。

不仅本行业品牌抢夺用户，甚至跨行业的创业者也用野蛮的方式收集用户。滴滴打车的多方位补贴政策以意外的方式抢走了出租车的用户，从一开始就考虑了用户的方便、实惠、互动，也考虑了司机的方便、收入、积极性，这样的滴滴打车，自然有更多客户希望它越来越好。还有新生事物拼多多，也充分考虑了厂家和消费者的共赢。大量互联网时代涌现的品牌依靠拉拢用户、让利用户而异军突起。

所以，如果你的品牌是"你"的，那么用户就会变成"他们"的。

3. 商业平台从自我走向开放

互联网时代的典型特征是涌现了大量平台企业，原有的自建自营变成了共建共享，结果不但没有稀释企业的资源，反而为企业带来了更多发展机会。如开放的京东吸引了跨品牌的购买用户；以用户为中心的淘宝围绕用户需求拓展了多个关联子业务。

如今，想要做大的品牌都会放眼平台商业模式，把品牌做成行业共有的平台。当品牌的设计不是单纯的主客式售卖，而是共建一种生态，实现多方共赢时，品牌的生存空间就变大了。同时，也有越来越多的鼓励客户参与的模式被创造出来，如微信的互动、直播的即时分享、众筹的提前参与、订单式的预购买等，整合用户变得更加方便、容易。

所以，从"我"走向"我们"的品牌，将有更广阔的生存空间。

（二）品牌如何从"我"到"我们"

从"我"到"我们"，品牌需要从如下层面进行全面再造。

（1）思维层面：内化消费者，让品牌基因"我们"化，让"从消费者出发"成为品牌的思维习惯。

（2）形象层面：接近消费者的理想型，让品牌元素与品牌文化"我们"化，让消费者一见倾心。

（3）行为层面：员工与消费者双管齐下，激发员工的主人公意识，让消费者体验更舒适，让品牌体验与员工执行"我们"化。

（4）竞争层面："我们"化的品牌竞争战略的思路重点是找到消费者、联合消费者、引导消费者、迎合消费者、惊喜消费者，并且一起对抗竞争者。

（三）"我们"化的品牌执行效力

强化品牌再造的执行效果，重点是团结公司所有员工，共同实现品牌再造计划。可以借助品牌再造执行进度表、员工绩效考核和品牌管理记分卡，激励员工与整个品牌再造进程责任共担、利益共享。

例如，麦当劳的品牌再造就借助品牌管理计分卡（见表3-1），重新定义了评价每项行动的标准，使品牌再造中的关键指标变成可量化、标准化、可管理的，这就方便了麦当劳对全球统一的品牌再造进行监测。

表3-1 品牌管理记分卡

目标	可衡量的阶段性目标	打分标准	时间表	责任人
人力		服务态度、专业度等		
产品		展示、新鲜等		
地点		卫生、氛围等		
促销		促进销售而不降低品格		
价格		统一、一定附加值		
服务		顾客投诉率、复购率等		
知名度		行业排名、顾客新增量等		
……				

我们需要基于品牌战略与品牌再造计划，设计品牌再造执行进度表，如表3-2所示。

表3-2 品牌再造执行进度表

工作	标准	时间	责任人
品牌战略转型宣讲	掌握、理解、互动、考核		外部咨询公司或市场部工作人员
品牌价值再造计划宣讲	掌握、理解、互动、考核		外部咨询公司或市场部工作人员
品牌商标保护	咨询、注册、管理		市场部工作人员
品牌再造中需要匹配的工艺支持	调整、批量制作		车间工作人员

（续表）

工作	标准	时间	责任人
品牌再造中需要匹配的专家或团队支持	招聘、合作、形成合作机制		市场部工作人员
品牌再造中需要匹配的服务支持	调整、制定标准		客服团队
品牌宣传风格、路径调整	调整、反馈、形成风格		市场部工作人员
品牌宣传物料调整制作	调整、制作系列物料		市场部工作人员
各渠道新品牌再造沟通会	调整、沟通、本地化、终端改变		市场部工作人员与销售部门
各渠道新设计物料投放	调整、沟通、本地化、终端改变		销售部门
……			

二、"我们"化的品牌生存，争做头部品牌

很多时候品牌塑造像一套装扮，完成以后感觉披挂齐全，却不一定能在 T 台上大放异彩。作为企业，需要的不是"别人有的我都有"，而是"我的这一项比别人的强"，是一种闪亮市场的效果。

诚然，企业追求的根本效果是高附加值、高效益。但结果无法直接控制，我们只能通过控制关键点来控制结果。所以，当进行品牌再造时，需要把握再造互联网时代高附加值品牌的 4 个关键点，让品牌在市场中更有生存力，套用互联网的最新说法，即争做"头部品牌"。

（一）有看头——看买点

有看头，主要是指在用户接触到品牌的第一眼，就让用户一见钟情。即使素未谋面，闻所未闻，也会初步判断是一个优质品牌。这种第一印象一般来自品牌形象带来的视觉感受——外观样式不输同类优质产品、宣传广告美观、有冲击力。但这仅仅是第一步，只是一个养眼的过程。

要让用户一眼难忘，还需要有买点，毕竟顾客买了产品是需要使用的。这

就需要检核产品的买点、个性是否击中用户的痛点或欲望。如果该品牌已有强势的竞争对手，那么它是否有比较优势？是否表达清楚？如果买点充足，用户就会多看、多研究，自然会将品牌记在心里，成为购买备选。

（二）有想头——想价值

如果与顾客的初次相见中获得了瞩目，被多看了两眼，那一定不要忘记制造让顾客惦记的机会，那就是价值，即让顾客感知购买就会获得更好的体验，错失就是遗憾。价值是一种理想型的诱惑，让消费者忍不住想象自己拥有产品的情形。

$$价值 = \frac{承诺的品牌体验}{金钱和时间}$$

价值是品牌承诺与顾客付出成本之比。有些品牌集中于对价值等式的分母进行管理，因此，有些品牌选择不断降低顾客付出成本，例如，低价产品因为性价比高，凸显了价值度。

但仅仅关注这个等式的分母是不能创造高额、持久的品牌价值的，因为这会令品牌廉价化，降低利润。高附加值的品牌致力于为顾客提供更好的价值，因此，应不断提高价值等式的分子，给顾客更好的体验感和满足感。特别是当品牌承诺不是金钱和时间可以衡量时，用户就愿意付出更高的成本，品牌也会获得超高的附加值。例如，LV 带来的身份识别，当这种品牌体验是稀缺和限量版时，顾客更会疯抢购买了，如全球限量发行的手表、皮包等。

（三）有买头——买利益

从价值到利益，从"想"到"购买"，需要消费者采取实际行动。行动的关键就是利益。如果说价值是虚的，是还没有得到的，利益就是顾客购买后可以立即获得的。购买后，或者减少痛苦，或者提高幸福指数，都是促使顾客下定购买决心的理由。利益不需要拐弯抹角，而应简单明了，让消费者感觉好处多多，买得超值。通常我们遇到的促销广告、打折、买赠，更多侧重利益驱动，如果品牌在对外传播时不能指明顾客购买后的利益点，顾客就难以下定购买决心。

1. 让利益成为品牌特色

有的品牌将用户的利益考虑得很彻底，成为品牌特色。它们让消费者决定价格和产品。例如，T恤公司Threadless与其他厂商不同的是，该品牌的哪款T恤能被生产出来，是由它的消费群体决定的。考虑到用户设计的积极性，它们还设计了奖励环节，中标的设计师有一定的报酬，用户上传穿着该品牌T恤的照片也会获得一定的购物信用，这些做法为该品牌带来了超高的人气。

2. 超越功能性利益

一个优质的品牌应当兼备功能性利益与情感性利益，例如，海飞丝的去屑（功能性利益）+好的第一印象（情感性利益）。

我们关注功能性利益，是基于设想消费者是理性的，会因功能性利益而动摇，这在高科技和B2B业务的企业中尤为突出。然而，我们必须超越功能性利益来塑造品牌。首先，消费者通常是不够理性的；其次，许多产品越来越同质化，仅提供功能性利益很难超越竞争对手；最后，基于功能性利益的品牌优势会对品牌造成束缚，尤其在品牌对市场变化做出反应或进行市场延伸时。

超越功能性利益，需要考虑把消费者的情感、自我表达和社会利益作为品牌愿景、品牌价值的一部分，并将其作为品牌价值主张的基础。

3. 提供一种思维框架

思维框架可以主导用户思维，帮助用户建立一种购买产品的选择框架，降低用户的选择复杂度。当然，这种思维框架通常是站在品牌方角度，从品牌所具备的优势出发的。例如，某钻石品牌提出的八心八箭、优质切工概念，为一个复杂的钻石购买过程提供了简洁的思维框架，引导了消费者的思维，也赢得了消费者的信任和选择。

（四）有说头——说分享

互联网提供了分享的便捷通道，好的也晒，坏的也会曝光。被分享的品牌要么让顾客满意，要么让顾客反感，要么给了顾客分享的好处。

品牌要追求影响力的提升，不能仅停留于产品销售完这一步，还必须关注品牌是否被分享，关注被分享的内容。

第一，必须控制分享的内容。要做好品牌监测，创造让用户值得分享的超级体验，避免负面信息产生。真正让用户感动的分享，才会感染更多新用户，这是让分享真正扩大影响力的关键点。

第二，给予用户分享好的品牌体验的动机。可以采取的形式包括与粉丝互动点赞、晒出优质用户的分享、举办各种分享大赛、给分享用户以某种荣誉等。

三、"我们"化的品牌再造基因

"我们"化的品牌制胜基因，重点是让目标消费者的需求、爱好、价值融入品牌。

传统品牌深受互联网"下半场"带来的变革冲击，单纯的"互联网+品牌"仅仅可满足品牌宣传、销售渠道的拓展，却难以从整体层面成为畅行互联网时代的卓越品牌。正如生活在古代的人穿越到现代，若不能从思想上认知现代社会、欣赏现代社会，便不能真正立足。

所以，真正善于生存于互联网"下半场"的品牌，就需要清零固有的品牌传统认知，并从品牌战略的高度重新对品牌进行调研、审查和定位，重新打造品牌基因。

（一）重新定位品牌消费群体

我们需要重新定位目标消费者。传统的品牌消费群体定位常用的参考指标通常是性别、年龄段、兴趣爱好、消费习惯等，他们通常在一个时间段内是恒定的。如今，这些指标都随消费趋势和消费者年代更替有了新的内涵，甚至还在不断变化。消费者变了，品牌不能原地等待。

消费者变得聪明了。对品牌是否有价值有了更高的鉴别能力。对于已有的同类产品，消费者会逐渐删除简化，仅保留品质较高的产品。对于新推出的产品，消费者的好奇心和尝鲜精神逐渐降低，对概念炒作与病毒式营销越来越免疫。

消费者变得忙碌了。碎片化的时间、多种多样的诱惑，使消费者停留在某一品牌上的时间越来越短，品牌必须更有魅力，才能吸引消费者。

消费者变得厌旧了。消费者喜欢最新款，不断升级各种装备，不断制造出新的语言潮流和沟通方式。如果品牌不能给消费者带来新鲜感，就会逐渐失去不断壮大的"新新人类"。如果不能融入消费者，品牌就要被淘汰。

消费者圈层化了。碎片化的社交媒体环境加速了人与人之间的圈层隔离。在引发消费动机方面，社交网络的影响力开始放大。

消费者不单纯了。消费者不仅是消费者，还同时身兼自媒体传播者、分享者、微商、分销者等角色。互联网为消费者搭建了广阔的互动平台，每个消费者背后，都有复杂的传播链条，值得企业用心经营。

消费者追求品质了。互联网帮助消费者有更多机会选到更高品质的品牌产品，消费者追求时尚、健康、品质的生活方式，低价因素在消费者购买要素中的位置将逐渐降低。

环境已变，消费者已变，品牌必须因时而变，才能满足消费者不断变化的需求和愿望。了解消费者的变化，对品牌现有的和潜在的消费群体进行精准画像，才能有针对性地开展品牌再造。

（二）重新定位品牌核心价值

品牌核心价值定位工具依托于企业、消费者、竞品三位一体，可以通过寻找消费者关注的、竞品没有提供的、本企业可以支持的 3 个角度的重合点，锁定核心优势，如图 3-1 所示。

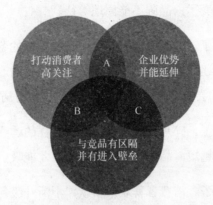

图 3-1　品牌核心价值定位的 3 交点图

1. 品牌核心价值的再造原则

（1）不要抛弃核心原则。互联网带来了很多改变，但品牌的核心优势依然有值得继承之处，它需要升级或调整，而不应被直接抛弃。

（2）高度差异化，区别于竞争对手，减少正面冲突。

（3）被用户关注，能够引发用户共鸣。

（4）企业资源可以支撑、匹配，而不是仅停留在口号。

（5）有一定的延伸性和高度，为品牌发展留有一定空间，便于品牌拓展旗下的产品与市场。

（6）品牌核心价值重新定位，要同时考虑"属类定位"与"价值定位"，特别关注消费者对价值认知的变化，通过价值再造双定位模型进行价值锁定，连接供给侧与需求侧两端。

2. 消费者、竞品已变，企业需要成长

当重新进行品牌核心价值定位时，原有的消费者、竞品都发生了很大改变，

相应的企业本身的支撑资源,也不能固守不变。企业需要逼自己成长,即便现有的资源不能满足"消费者需要的、竞品缺乏的",也需要创造条件满足需求。

光华博思特在服务深圳快易典学生电脑时,通过市场与消费者研究,提出"情智导学"的概念,然而,当时快易典的产品并不能清晰地分解为情商、智商学习模块,是重新提炼概念还是提升自我?快易典选择提升自我,更好地把握了消费者关注的情商、智商双成长概念,在当年"拼教材、拼游戏"的学生电脑激战中杀出了一条家长真正买单的路。

(三)重新调整行业占位

再独特的核心价值也必须转换成行业地位,在消费者众多选择中占据一席之地,提供不容忽视的选择理由。

成功的企业至少有一项是第一,如行业第一、品类第一、区域第一、小市场第一、概念第一、某参数第一、心理价值第一、淘宝某品类第一……

当消费者谈论好品牌的时候,其实是在谈论背后的好价值。对消费者来说的高价值,对企业来说就是高附加值。

从传统渠道走向互联网渠道,从传统品牌营销方式到互联网化品牌再造,品牌走向了更广阔的天地,选择更多,挑战也更多,如果不能把握占位方法,可能更容易迷失方向。

1. 占位需要挖掘

挖掘企业资源、团队资源、地域资源、历史资源……每个企业都有可以挖掘的资源,或者有可以通过努力达到的一种水平。把其中的一项做到最好,就是某一领域的第一。

2. 占位需要支撑

高附加值需要由产品的差异化卖点支撑。如果产品品质和相关体验不能支撑品牌所表达的行业地位，那无异于自我"打脸"。例如，号称送货速度第一，结果经常晚于平均速度，这样的占位不攻自破。

3. 占位需要扩展

占位的切入点可以窄，但表达应可以扩展。例如，蒙牛的占位是"乳都第二品牌"，因为"乳都"是中国的，"乳都"第一是伊利，那么概念扩展开来，会产生蒙牛是"中国第二乳品品牌"的效应。这种占位表达就比"呼和浩特第二品牌"具有扩展性和影响力。

四、"双定位"理论是互联网新经济下品牌战略利器

中国进入了前所未有的大变革时代，商业竞争进入"跨界、跨时空"的无限度竞争时代，"变"成为这个时代唯一不变的主题。人们在巨变中追风踏浪，众多企业在巨变中或勇立潮头，乘风而起；也有企业被下一波巨浪掀翻，在江海中沉浮。中国市场几十年来学习和模仿的品牌营销理论，在巨变的市场中已经失去了理论的根基。

在过去的 5 年中，新经济的蓬勃活力让人们感受着生活的便利和美好。重塑创新体系、激发创新活力、培育新兴业态，新经济不仅提升了人们的"获得感"，也为经济社会各领域转型升级注入了新能量。

一是基础设施不断夯实。网络能力持续升级，建成全球领先的光纤宽带，光纤宽带用户占固定宽带用户的比重超 80%，排名全球第一。

二是电子商务迅猛发展。网上零售成为消费增长新引擎。2016 年，我国网上零售市场规模突破 5 万亿元大关，稳居世界第一。我国移动支付的普及程度及便利度，已经超过了美国、欧盟等发达国家和地区。

三是分享经济广泛渗透。网约车、共享单车、房屋短租等分享经济渐成气候。2016 年，我国分享经济市场交易额约为 3.5 万亿元。

四是大数据、人工智能、虚拟现实等前沿技术不断"落地"。自2011年起，中国人工智能每年新增专利数超过美国。2016年，中国新增人工智能专利9000余项，是美国新增专利数的两倍多。

在制造领域，互联网与制造业融合发展不断深化，工业互联网蓬勃发展，智能化生产、个性化定制、网络化协同、服务型制造等一批新模式、新业态百花齐放，符合产业升级和消费升级方向的新产品不断涌现。共享生产能力、共享设计能力、共享设备……大量的生产要素共享模式出现，不仅降低了创新创业的成本，也大幅度减少了产生过剩产能的可能性。新经济的赋能，还带动了传统制造企业的服务化转型，产生了"制造+数字+互联网+服务"的新模式。

新经济正在以前所未有的速度给中国经济发展带来新动能，对于制造业而言，新经济的核心是创新：产品从无到有需要创新，规模由小变大需要创新，品质由低到高需要创新。十九大报告指出："创新是引领发展的第一动力，是建设现代化经济体系的战略支撑。"实力自弱至强需要创新，实现新旧动能转换只有依靠持续创新。现实也表明，只有创新才能解决复杂困难、化解问题矛盾、提高质量档次、提升境界水平。

在新经济环境下，我们认为任何一个成功的品牌，都在消费者心智中成功占据了两个位置，回答了消费者的两个问题：

第一，你是什么或你代表什么？此为属类定位。

第二，我为什么要买你？此为价值定位。

二者缺一不可，这就是"双定位"理论。

"双定位"理论从供给侧开始，回答消费者的第一个问题：你是什么？或者你代表了什么？回答这个问题可能是基于分化的品类，也可能是颠覆性的属类。重要的是基于企业的差异化核心优势，从市场竞争和消费者需求的角度去思考你是什么；品牌定位的另一方面是需求侧，回答消费者的第二个问题：我为什么要买你的产品？对于属类定位的分析，同时必须考虑什么是消费者认为有"价值"的东西。价值定位和属类定位相呼应，只有创新属类，才能提供差异化价值。

"双定位"理论对品牌的战略的思考从供给侧开始，将企业的创新和突破与属类定位结合起来，供给侧的升级和创新在营销上最重要的是通过新属类体现出来；从支付宝到微信、从零售到新零售、从共享经济到分享经济、从大数据到黑科技、从跨界到融合……都是新经济环境下出现的全新属类，正是这些全新的属类，给世界带来了全新的冲击和震撼，一次次冲击和刷新人们的心智，再造消费者心智。

"双定位"从供给侧出发，基本原则是鼓励创新和升级，只有供给侧的创新，才能创造全新的属类，带给消费者更高的价值、全新的价值，改变消费者原有的消费者观念，再造消费者心智。

新经济竞争激烈，品牌的竞争不再是抢占消费者原有的心智，而是不断创新，用全新的属类和价值再造消费者心智。

价值再造从供给侧开始，用颠覆性的属类帮助企业突破现有的行业竞争框架，摆脱陈旧的思维模式，摆脱众多行业发展进入成熟期甚至衰退期的无奈，重启思维模式，开辟全新快车道，实现行业和产品生命周期的转换，开拓全新的广阔市场。

属类定位是生产者融合前瞻性眼光、最前沿科技、行业发展阶段和企业独特优势而实施的竞争战略。新零售、共享经济、黑科技、跨界、新动能这些全新的名词，以及企业和品牌技术创新带来的"可穿戴设备、虚拟现实、HDR、4K、OLED 电视技术"等，都是新属类的典范，用新属类表达创新，运用属类营销的方式开拓市场，实现行业和产品生命周期的转变，引领和再造消费者心智。

价值定位是针对消费需求的转型升级，运用品牌经济规则，为建立和积累竞争优势而实施的品牌战略。新的属类必然带来新的消费价值和体验，换言之，提升产品价值，要从提升属类定位开始。

图 3-2 所示为价值再造"双定位"模型。

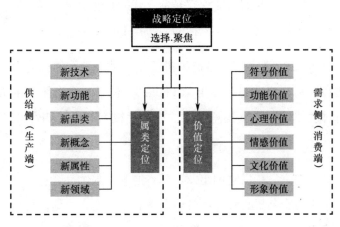

图 3-2　价值再造"双定位"模型

"双定位"理论区别于定位理论的 3 个不同如下。

1. 第一个不同：定位理论的原则是占据消费者固有心智；"双定位"理论的原则是提升和再造消费者心智

定位理论是对产品在未来的潜在顾客的心智里确定一个合理的位置。定位的基本原则不是创造某种新奇的或与众不同的东西，而是操纵人们心中原本的想法，打开联想之结。定位的真谛就是"攻心为上"，消费者的心智才是营销的终极战场。

"双定位"理论的原则是鼓励创新升级，用创新属类提升价值，再造消费心智。"双定位"理论对品牌战略的思考从供给侧开始，将企业的创新和突破与属类定位结合起来，供给侧的升级和创新在营销上就是通过属类体现出来的。例如，海尔热水器的"安全"技术，是通过"防电墙"这个属类概念体现出来的；早期的空气源热泵热水器，应用了空气源、热泵等技术言辞，但是这些技术创新、技术语言如何转化成消费者容易理解和接受的市场语言？最终，这项技术产品以"空气能热水器"的属类广泛地走向了市场。

2007 年，苹果发布了第一代具有高分辨率、多点触控功能的 iPhone。iPhone 是什么？代表了什么？我们只能说它是新一代的智能手机。当时它并不叫苹果智能手机，乔布斯赋予它一个不一样的名字：iPhone。

因为在 iPhone 出现之前，智能手机还是一种很笨重的移动设备，机身正面一半是键盘，另一半才是显示屏。iPhone 开创了一个全新的手机属类，从此在消费者体验里，有了真正意义上的智能手机。iPhone 开创了一个奇迹的时代！

因此，"双定位"从供给侧出发，基本原则是鼓励创新和升级，只有供给侧的创新，才能创造全新的属类，带给消费者更高的、全新的价值，改变消费者原有的消费者观念，再造消费者心智。

2. 第二个不同：定位理论基于消费者表象的思考模式；"双定位"理论基于消费者深潜的思维模式

（1）定位理论认为消费者有五大思考模式。消费者只能接收有限的信息；消费者喜欢简单、讨厌复杂；消费者缺乏安全感；消费者对品牌的印象不会轻易改变；消费者的想法容易失去焦点。

（2）"双定位"理论基于消费者深潜的思维模式。对消费者思考模式的分析基于不断变化的经济环境、市场环境，以及基于人性的、心理学的研究和探索。

国内外多项研究表明，人类的大脑是一个非常奇妙的地方。大脑可以帮助我们识别人脸和各种各样的物体，哪怕它们发生了很多变化；大脑能够一次性处理非常复杂的信息；甚至现代科学研究发现，高度开发的人脑能够自由掌控人类的"潜意识"，这是人类在进化过程中形成的潜在能力。对潜意识的利用能够产生多大的能量，或许我们难以想象，这绝不仅仅是智力和思维能力的提高，如果一定要量化其变化，科学界的结论是3万倍以上的能力变化。

因此，实际上人类大脑的潜力远非普通人的想象，互联网经济、信息时代的飞速变化，人类不是被动地接受，而是在引领这些变化，不断开发和创新。人类心智的不断发展、开发和创造，对供给侧提出了更高的要求；人性的喜新厌旧、追逐新奇，也为企业的创新提出了更高的要求。

即使是世界上最优秀的品牌，在消费者的心智中也不是一成不变的，品牌必须不断创新，不断演进和提升，才能在不断提升的消费者心智中占据一席之地。

消费者的心智不是一成不变的，不是因为有了老品牌的先入为主，新品牌就没有了机会。品牌的创新从供给侧开始，企业的每项创新和提升，体现在提供的产品上，这个产品是广义的含义，包含各类产品和服务，最终体现在对产品的描述上，也就是属类上的创新和颠覆。只有在属类上不断创新和颠覆，不断提升和再造消费者价值，才能超越竞争对手，构建品牌的战略纵深优势。

3. 第三个不同：定位理论宣扬一招制胜，更像是打飞靶；"双定位"理论以供给侧和需求侧为两翼，是一套思考的逻辑、可操作的体系，是"钳形制胜"

定位理论认为：定位就是在顾客头脑中寻找一块"空地"，扎扎实实地占据下来，作为"根据地"，不被别人抢占。

可以肯定的是，"头脑"是指人的思维能力和内在的心理活动。是看不见、摸不着、因人而异的，也是更加丰富的。

正因为心智的诡异性，所以，在心智中定位变得玄之又玄，成了众多企业家和销售精英捉摸不透的"魔棍"。

定位的内涵丰富性和心智的诡异性，让"定位"变成了"打飞靶"的游戏。每个企业、每个品牌都有自己的定位，如果成功了，是因为"打飞靶"偶尔打中了目标，如果没有成功，只能怪定位不准，"打飞靶"真正打飞了。

尽管定位理论在中国影响深远，但是，那些被作为案例随时提及的品牌，大部分是成功后被按照定位理论再度演绎的。

"双定位"理论有清晰的思考模式和品牌构建工具体系，不是"打飞靶"。"双定位"有两个重要的基点：一是基于供给侧的属类定位，或称为生产方；二是基于需求侧的价值定位，或称为消费方。

"双定位"理论最有效地连接了供给侧和需求侧，强调从供给侧的创新和优势出发，根据行业趋势、竞争格局，以及消费者的价值维度，找准自己的属类定位，将品牌置于一个最有利的位置上。

当明确自己的属类定位之后，品牌面对消费者就有了价值的发挥空间，基于属类，可以创新不同的产品；可以聚焦更精准的功能；可以展开想象，给消费者更好的心理享受……

因为属类的高价值、差异化，能够给消费者带来不一样的消费体验和价值。同时，基于双定位战略，以"双定位"为核心，构建品牌元素，让品牌内涵更丰满。

因此，"双定位"理论以供给侧和需求侧为两翼，是一套思考的逻辑、可操作的体系，是"钳形制胜"。如同两点才能确定一条直线，两根筷子才能夹起一个鸡蛋。

"双定位"符合消费者购买的思考逻辑。企业所有经营活动的目标是创造顾客。深入了解顾客的购买心理，也是基于两个方向的思考。一个成功的购买过程清晰地回答了消费者的两个问题：消费者通常用属类表达需求，用价值做出选择：

成功的购买=你是我想要的属类+你能提供我需求的价值

"双定位"理论最好地诠释了德鲁克关于"企业有且只有两项最基本的职

能：营销和创新"的说法。

关于营销的理论和方法有很多，但是，什么是最有效的创新？德鲁克认为，创新不是科学和技术，而是价值；创新是以市场为中心，而非以产品为中心。具体而言，到底什么是创新？

既然企业所有的创新是以市场为中心，是为了更好地创造顾客，那么首先考虑创新成果如何转化为市场价值。企业的创新面向市场的根本目的是创造价值，可能是技术创新、产品创新、管理创新或来自市场的创新，创新是为了创造不同、创造差异化，如何转化为市场价值？最直接的方式表现为颠覆性的属类。

"双定位"理论提供了一套有价值的营销思考逻辑。作为供给侧的企业，任何经营活动的创新：技术、产品、资源、环境、市场等，都必须同时回答另一个问题：能够带来的市场价值是什么？能够为目标消费者带来的价值是什么？形成基于市场、基于消费者价值的双向思考模式。只有企业管理者在企业经营的每个环节都以为顾客创造价值为核心，其创新活动才具有市场价值。

所有运用定位理论成功的品牌，本质上都是基于"双定位"的成功。

海尔电热水器在国内外品牌的围追堵截中脱颖而出，是"双定位"成功的典范：其属类定位为"防电墙"热水器，带给消费者的价值定位为"安全"，如果没有属类的创新，仅说自己是"安全"的电热水器，则无法建立差异化竞争优势。从技术角度讲，几乎所有的电热水器品牌都能做到安全，消费者会问一个问题：为什么是安全的？海尔说：我有防电墙，所以是安全的。

宝洁旗下的品牌"舒肤佳"进入中国市场后所向披靡，长盛不衰，也是"双定位"成功的典范。舒肤佳定位为"杀菌"香皂，20年来就做这两个字的生意，但是，如果仅把"杀菌"作为自己的定位，舒肤佳不可能取得骄人的成绩。舒肤佳的成功，在于成功运用了双定位体系：属类定位——迪保肤；价值定位——杀菌。因为具有独有概念的属类，因此，才有了杀菌的价值。否则，如果仅以"杀菌"作为定位，无法与其他品牌形成区分，也无法建立自己的竞争优势。

"双定位"理论源于实践，得到了众多品牌实践的证明。关于"双定位"的理论体系、工具和方法经过了十年的实践证明，成功指导了国内众多的品牌走出困境，建立了长期的差异化优势，得到了众多企业的高度肯定。实践是检验理论的唯一标准，双定位理论的权威性唯一来源于实践和实战的检验。对于双定位理论的认知，本质上不在于"知"，而于"行"，对"双定位"理论的认识有多深，对于品牌和营销实践的效果就有多大。

（本部分参考资料《价值再造》，韩志辉、雍雅君，清华大学出版社）

五、专论：从定位到双定位——百年营销理论演进

自市场营销出现以来，西方市场营销学者就从宏观和微观角度及发展的观点对市场营销下了不同的定义。美国市场营销协会（AMA）于 1985 年对市场营销下了更完整和全面的定义：市场营销是对思想、产品及劳务进行设计、定价、促销及分销的计划和实施的过程，从而产生满足个人和组织目标的交换。

从定义来看，可以明确了解到，市场营销是研究供应者与需求者之间的事，所谓营销理论是从观念、理念到逻辑和系统方法，随市场环境的不断变化演进，可以理解为无所谓对错，符合当时背景的、能解释现象的、能解决问题的、被普遍接受和认可的，就是"对"的，所以大家不必拿任何大师的理论当圣经。

市场营销学在 20 世纪初期产生于美国。多年来，随着社会经济及市场经济的发展，市场营销学发生了根本性的变化，从传统市场营销学演变为现代市场营销学，其应用从营利组织扩展到非营利组织，从国内扩展到国外。

市场营销理论萌芽于 20 世纪 20 年代，这一时期，各主要资本主义国家经过工业革命，生产力迅速提高，城市经济迅猛发展，商品需求量也迅速增多，出现了需过于供的卖方市场，企业产品价值实现不成问题，出现了一些市场营销研究的先驱者。这一阶段的市场营销理论同企业经营哲学相适应，即同生产

观念相适应，其依据是传统的经济学，以供给为中心。

从 20 世纪 20—50 年代，市场营销理论逐步发展成形，而真正成为一门学科独立出来是在 20 世纪 60 年代。

1. 市场营销管理的基础

菲利普·科特勒先生对营销的最大贡献，他让营销成为一门系统的学科，将企业定义为一个营销组织并发展了 4P 营销理论。

该理论的核心思想是以市场为导向，以需求为中心，不是以生产为中心，也就是所谓的"营销"的思想，可以用图 3-3 来表示。

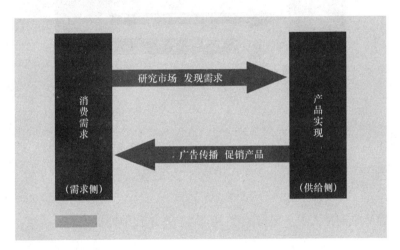

图 3-3　菲利普·科特勒——市场营销基础

这种营销的思想影响巨大，菲利普·科特勒先生以此为基础，不断地完善和发展，吸收百家之长，最终形成了一个大的系统，目前仍在世界上被广泛地学习和接受。

2. USP 理论

USP，即"独特的销售主张"(Unique Selling Proposition)，表示独特的销售主张或"独特的卖点"，是罗塞尔·瑞夫斯在 20 世纪 50 年代首创的。

随着科技的进步，企业能生产出各式各样、各种功能及特点的产品，消费者难以区分记忆和选择接受。如何让消费者接受呢？万绿丛中一点红，只传播最独特的那一点；用图中的一个最尖的箭头表示。

"独特的销售主张"（USP）是广告发展历史上最早提出的一个具有广泛性且深远影响的广告创意理论，如图3-4所示。

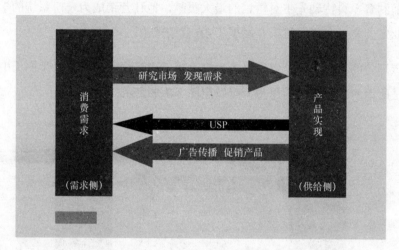

图 3-4　罗塞尔·瑞夫斯——USP 理论

3．品牌形象理论

品牌形象论是大卫·奥格威在20世纪60年代中期提出的。

随着市场供给的变化，消费需求发生巨大的变化，从有形的产品功能需求到更多的心理需求。

品牌形象论的核心是消费者的选择不仅是产品本身，而是对整个企业及品牌的形象的感知，"认知大于真相"，消费者购买时追求的是"产品实质价值＋品牌心理价值"。

品牌形象论通常被认为是广告创意策略理论中的一个重要流派，如图 3-5所示。

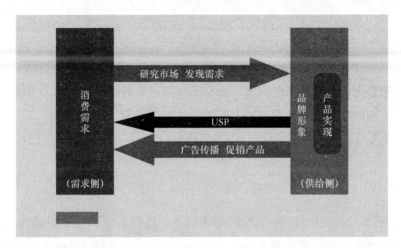

图 3-5 大卫·奥格威——品牌形象理论

4．市场细分理论（STP）

市场细分的概念最早由美国营销学家温德尔·史密斯在 1956 年提出，此后，由菲利普·科特勒进一步发展和完善，最终形成了成熟的 STP 理论（市场细分 Segmentation、目标市场选择 Targeting 和市场定位 Positioning），如图 3-6 所示。

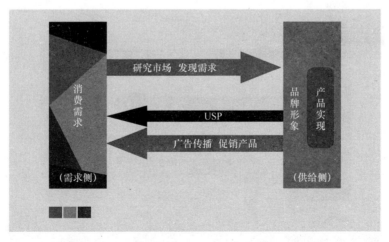

图 3-6 菲利普·科特勒——市场细分理论（STP）

STP 理论是战略营销的核心内容，根本要义在于选择确定目标消费者或客户。

根据 STP 理论，市场是一个综合体，是多层次、多元化的消费需求集合体，任何企业都无法满足所有的需求，企业应该根据不同需求、购买力等因素把市场分为由相似需求构成的消费群，即若干子市场。

5. 定位理论

"定位"理论是艾·里斯和杰克·特劳特于 1972 年提出的。

"定位"理论的出发点是占领消费者的"心智资源"，商家可以通过"定位"来高效率地创建并传播品牌，从而获得预期的利益。定位的精髓在于把观念当作现实来接受，然后重构这些观念，以达到人们所希望的境地。

"定位"理论本质上是对营销观念的一种背离。因为市场营销观念强调的是顾客的主导地位，它认为只要满足了顾客需求，产品就可以实现自我销售。而"定位"理论恰恰相反，它更强调营销者的主导作用，强调不要在产品中找答案，而是要"进军消费者的大脑"，这显然是一种观念上的反叛，如图 3-7 所示。

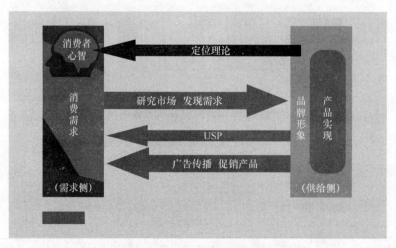

图 3-7　杰克·特劳特——定位理论

6. 整合营销传播

整合营销传播（IMC）是唐·舒尔茨在 20 世纪 90 年代提出的。

整合营销传播（IMC）的核心思想是将与企业进行市场营销有关的一切传播活动一元化，即"用一个声音说话"。

整合营销传播一方面把广告、促销、公关、直销、CI、包装、新闻媒体等一切传播活动涵盖在营销活动的范围之内；另一方面使企业能够将统一的传播资讯传达给消费者，如图 3-8 所示。

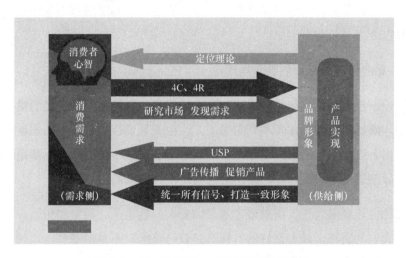

图 3-8 唐·舒尔茨——整合营销传播理论

整合营销传播的开展，是 20 世纪 90 年代市场营销界最为重要的发展，整合营销传播理论也得到了企业界和营销理论界的广泛认同。整合营销传播理论作为一种实战性极强的操作性理论，在中国得到了广泛的传播，并一度出现了"整合营销热"。

1）20 世纪营销理论是主流的传统营销理论

传统的市场营销学认为：顾客是"当之无愧"的市场主导，在这些理论中，满足顾客需求被看成是营销的"目的"，商家的生产与销售活动都应当围绕此目的来进行，只要产品或服务满足了顾客需求，营销的目的就已经达到了，因为适合顾客需求的商品会理所当然地得到市场的热情响应而自行销售出去。

因此，顾客及其需求主导着卖方（销售者与竞争者）的全部市场行为，由此可见，顾客是市场无条件的主导者。

事实上，顾客的需求是不确定的，更糟糕的是，顾客并不清楚也不想弄清楚自己到底需要什么，而且顾客的需求是随着环境条件的变化而不断变化的，顾客之间相互影响、顾客与生产者之间互动互生。

因此，许多根据"谁也弄不清楚的顾客的需求"制定的营销策略到最后都以失败告终。

2）新经济环境必须创新营销理论

第一，技术创造价值，随着高新技术的发展，新产品能够满足消费者的更多欲望，满足消费者想都想不到的需求。这也就是说，随着技术的发展，新产品可以由企业先生产出来再引导消费、制造需求；很多新概念产品都是通过概念的引导创造出需求的，在产品出来之前是没有需求的。

第二，互联网时代，信息极大地影响着人们的生产、消费和生活，甚至可以左右人们的选择。什么是好的？什么是有价值的？不是消费者自己想的而是在外界信息的影响下产生的，是可以用一定的传播手段打造出来的，企业是可以影响并传递给消费者的。

7. 品类战略

品类战略由"定位"理论创始人之一的艾·里斯最早提出。

品类战略提出企业把握趋势、创新品类、发展品类、主导品类、建立强大品牌的思想，通过分化品类、创新品类来占领心智、建立品牌。

品类战略颠覆了传统品牌理论强调传播、以形象代品牌、以传播代品牌的误区，为企业创建品牌提供了切实有效的指引，如图3-9所示。

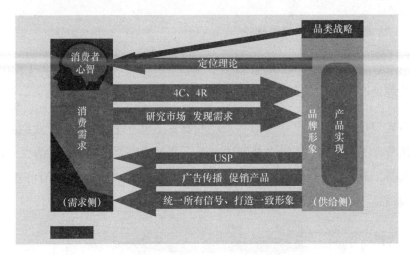

图 3-9 艾·里斯——品类战略理论

8. 蓝海战略理论

2005 年，欧洲管理学院的金伟灿和莫伯尼教授提出了"蓝海策略"。

蓝海战略是指开创无人争抢的市场空间、超越竞争的思想范围、开创新的市场需求、开创新的市场空间、经价值创新来获得新的空间，如图 3-10 所示。

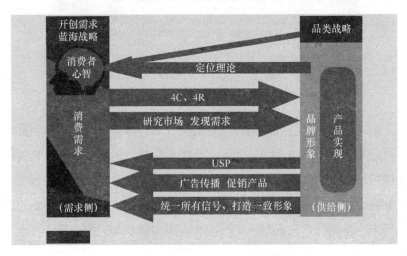

图 3-10 金伟灿、莫伯尼——蓝海战略理论

9. 价值再造——双定位理论

双定位理论是由中国著名营销专家韩志辉博士和雍雅君在 2013 年提出的。双定位理论产生于技术飞速进步的互联网时代。

双定位理论认为：新经济时代，产业发生了根本性的变革，产业创新、产业升级带来了产业边界、商业生态的变革；品牌战略要用创新性的思维开创全新的属类，满足不断升级的消费需求，并以全新的属类和价值再造消费者心智，而不仅仅是抢占消费者原有的心智，如图 3-11 所示。

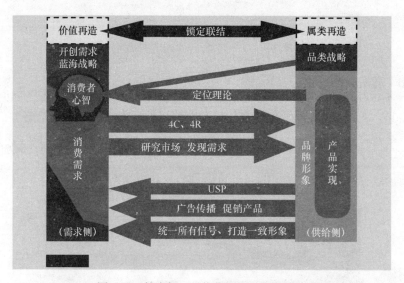

图 3-11 韩志辉——价值再造双定位理论

双定位理论对品牌的战略思考从供给侧开始，将企业的创新和突破与属类定位结合起来，供给侧的升级和创新在营销上是通过新属类体现出来的；从支付宝到微信、从零售到新零售、从共享经济到分享经济、从大数据到黑科技、从跨界到融合……都是新经济环境下出现的全新属类，正是这些全新的属类，给世界带来全新的冲击和震撼，一次次冲击和刷新着人们的心智，再造了消费者心智。

双定位理论的核心是成功的品牌必须在消费者的心智中成功占据两个位

置，即属类定位（你是什么）和价值定位（我为什么要买你）。双定位是双向的锁定关系，缺一不可，只有品类定位而无价值创造则无意义；相反，如果只有价值定位而无品类的创新则无根源，无法得到信任。

2017年，韩志辉与雍雅君合著的《价值再造》出版，全面阐述了双定位理论及其具体应用，为企业提供了一套有价值的营销思考逻辑。

图3-12所示为营销理论精髓整合。

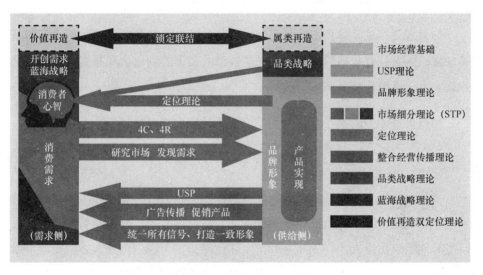

图3-12　营销理论精髓整合

再次强调，营销理论是从观念、理念到逻辑和系统方法，随市场环境的变化不断演进。只有符合当时背景、能解释现象、能解决问题的理论，才是我们要学习和研究的。

六、"我们"化的品牌文化

品牌再造，不仅意味着高管层要高度关注品牌，还意味着公司里的每个人，包括品牌的粉丝都要团结在品牌周围。因此，再造一个品牌的重要任务就是重新创造一个品牌文化。

有魅力的品牌文化能够让人们忘掉竞争对手、忘掉价格，为企业赢得高额的附加值，并能够提高品牌美誉度，赢得用户的忠诚。它涉及品牌价值观、品牌行为文化与品牌物质文化 3 个层次。

互联网"下半场"，要想成为时代宠爱的潮流品牌，自然要内外兼修，与新生代文化同步，对品牌文化及时进行刷新。

（一）培养适合互联网时代的品牌文化

如果想要推进品牌再造，就需要建立与品牌价值观和粉丝文化相匹配的品牌文化。强大且有共鸣的品牌文化，能够激发员工的创造力和凝聚力，增强企业软实力，赢得社会美誉。

如何再造才能助推企业发展的品牌文化？我们建议从以下几个角度考虑：

1. 对人——尊重人才，创新

事实上，几大互联网公司的发展、新型创业公司的异军突起，大多都是技术人才驱动的。因此，通过企业品牌文化营造尊重人才、鼓励创新的氛围，可以更好地吸引杰出人才，提高品牌技术迭代能力。为吸引内外人才，企业可以鼓励员工将品牌作为一个平台，积极打造外部人脉圈，这将有利于培养员工跨界的思维，增加跨界资源。

2. 对人——尊重个性，民主

个性张扬是时代的特点，也是新生的 90 后的精神气质。品牌要想获得更好的员工认同和粉丝认同，就要激发员工更多的创造性，提倡一定框架内的自由民主也是必要的。Google 正是依靠宽松的工作氛围激发了员工主动的创造力。员工只有在宽松民主的文化中工作，才会将这种文化贯彻到品牌对外的每次互动中，发挥品牌文化的感召力。杰克•韦尔奇在重新定义管理时，也把"剔除老板因素、倾听雇员的声音"作为经理必不可少的工作。

3. 做事——自我突破，迭代

突破、迭代正是互联网化品牌追求不断升级、不断进步的态度。不固守传统做法、不止步不前，也不一蹴而就，才能既把握了速度，又提高了质量。

4. 做事——爱惜名誉，诚信

互联网时代是更加透明化、扁平化的时代，人人都是自媒体，从内到外，品牌的表现仿佛都被放在望远镜和显微镜下。因此，爱惜品牌名誉、诚信经营，才能走得更远。

5. 做事——专注擅长，匠心

保持专注和匠心，就是把品牌擅长的事情做到最好，也是激励员工钻研、成长的精神力量。多数小品牌的生存之道不是做得有多大，而是做得有多极致，成为某方面的专家，或者拥有忠实粉丝，或者成为大平台的生态版图中的一员。

6. 对内——团队合作，共赢

科技发展越来越快，单个人很难在短时间内取得突破，唯有借助团队的力量。互联网化的品牌生存一定要联动、整合。一个紧密团结的技术工作小组可以快速突破技术难关，一个配合得力的推广小组能发挥每个人的推广技能，呈现出生动活泼的推广风格。

7. 对外——开放心态，包容

社会学家利奥塔在论及后现代知识分子时，呼唤知识分子以宽容、温和的胸怀去承认和进入一个多样性的世界。他指出，技术和科学在巨大的技术网络里融合，近代科学的分门别类研究和技术的专业化趋势受到越来越大的冲击，任何一门学科和任何一种技术都无法封闭、无法自存。

互联网时代，连硬件也没有生产的谷歌，因为拥有更为开放的文化，开发了安卓系统，并结合生态圈各方力量，成为移动电信业的领导品牌。

对于品牌文化建设来说，秉持开放、包容的心态，才能吸收来自跨行业的营养和优点，增强品牌创新能力。

（二）品牌文化与粉丝文化，需要灵魂契合

有默契的灵魂终会相遇。

当品牌文化与粉丝文化契合时，品牌就会自动吸引同类粉丝，形成聚合力量。

互联网时代，随着消费者自我意识"觉醒"，面对同等功能的产品，消费者倾向于选择与自己气场相合、脾气相投的品牌，以彰显自己的个性。品牌面对的不再是单纯的购买者，而是追求美好生活的理想者。传统品牌文化要想成功再造，最终还是要看其能否与目标消费者相契合。

借助互联网营销红遍中国的褚橙，如果它不曾凝结褚时健不屈的精神力量，即便再好吃，也难以称为一颗"励志橙"，难以卖出精神的价值。反观相似的柳桃，因为缺乏原生的精神文化，所以难以生成精神特有的强大传播力量。

如何实现品牌文化与粉丝文化的契合？

1. 先研究目标消费群的粉丝文化、社群文化

品牌因粉丝而存在，品牌文化应主动寻求与目标群体的共鸣。互联网时代的品牌文化不要试图代表大众，因为大众意味着没有性格，没有人群归属。在产品愈加同质化的今天，消费者渴望通过差异化的品牌文化表达自己的个性，他们逐渐转向一些小众的、私密的品牌。"与某类消费者实现文化的共鸣"比"与大众实现文化的同步"更容易产生忠实粉丝。

2. 吸取粉丝文化中积极、乐观、有创新精神的元素

有原则的品牌不会眼中无粉丝，也不会完全迁就粉丝，而是对那些有助于企业发展的粉丝文化进行吸收改造。当然，也有一些品牌文化会考虑粉丝文化中比较消极的层面，如"丧文化"，但其目的是为粉丝提供一个解压出口，而非

彻头彻尾的"丧"。

3．对粉丝文化进行升华，搭建与企业发展相关的桥梁

粉丝文化追求"乐活"，企业文化不见得照搬，却可以升华为"让更多人享受乐活"，借此取得二者之间的共鸣。

（三）品牌文化如何变成企业软实力

品牌文化有挂在墙上的，也有写在员工手册上的，但品牌文化要真正成为企业软实力，却需要品牌文化与员工共同打造一段由浅入深的经历。

1．阶段一——做出来的行为文化

在企业创立之初，基于创业之初的企业使命，企业会认同一定的粉丝文化，也是企业要服务的消费群体。为了实现这一使命，在创业团队身上，在领军人物身上，一定有一些可以挖掘的精神和价值观，比如，海尔砸冰箱，这种文化可能不够正式，但有深厚的创业土壤，通过潜移默化或口口相传激励员工践行。

2．阶段二——写出来的形式文化

写出来成文的品牌文化脱离了口头的随意性，严肃而庄重，正如古巴比伦王国把法典刻在一块巨大的玄武岩石碑上，传达的是企业准备践行的一套理念。形式包括企业文化手册、员工手册、企业文化墙、企业 MI 手册和 BI 手册等。这一形式虽然传统，但必不可少，它为员工快速融入企业、按企业文化调整自身行为提供了参照。假如企业文化停留于此，就成为形式主义，反而不利于文化建设。

3．阶段三——立出来的典型载体

在这一阶段，品牌文化需要回归员工，回归真实行动，我们需要找到员工当中切切实实散发着品牌文化精神的典型。当品牌文化活化成为员工身边的典型人物时，员工作为品牌文化的标兵，一言一行都会带动周围的人做得更好，

品牌文化就活了。在这一阶段，品牌文化主要在企业内部发挥影响力。

4. 阶段四——传出来的故事载体

在这一阶段，品牌文化的影响力向外传播，通过将企业内部代表企业文化的典型故事、典型人物对外宣传，同时承担与品牌文化相符的社会责任，使员工获得荣誉感和自豪感，使用户对企业尊敬和信任。传播的方式包括广告、产品手册、品牌活动、专题片、赞助相关公益事业等。至此，品牌与员工、粉丝共享一种品牌文化，成为品牌的资产与精神财富。

（四）"我们"化的品牌互动气质

当一个品牌有了微信公众号，开设了网店，再加上网络推广，是否就可以称为互联网化的品牌呢？显然不可以。因为这些仅是品牌互联网化的手段，而非内核。一个高速成长的互联网品牌，在品牌外部再造和内部精神气质方面要做到兼修，从骨子里契合这个时代不断转变的用户需求。

在我们这个时代，不会互动的品牌就是在演一出独角戏，善于互动的品牌才能闯出广阔的天地。品牌应该以怎样的风格、气质对外互动？除了考虑品牌个性外，建议将自身想象为一个互联网时代的人，以这个时代通用的互动气质对外交流。

一个优秀的品牌应该坚持不断创新品类、技术、形象，才能与时代保持同行，进而引领消费。传统品牌注入互联网互动气质，会更好地把握未来的发展机会。

1. "极粉"气质

"极粉"，是"铁粉"的高阶版，追求的是在某一领域、某类产品中，某品牌成为消费者唯一、"极好"的选择。

"粉上你"不是消费者单方面的感情付出。品牌与粉丝应该"互粉"，消费者"粉"的是品牌的产品、服务、精神气质，还有品牌带给其的身份认同。作为回报，品牌应该"粉"上消费者的独特个性、独特爱好和需求，并为此开发产品，提供贴心服务，让客户惊呼"××品牌真懂我！"有此气质的品牌，明显区别于那些传统的与消费者割裂的、高高在上的、仅仅追求利润的、商业化的品牌。

某公众号提高内容转发率的一个秘方就是与"铁粉"深度互动，深度挖掘粉丝资源。他们不断扩大铁杆粉丝群，鼓励粉丝为公众号写稿，并且每次发稿前都进行粉丝内测。这样，既提高了粉丝活跃度，又保证了内容供应，且让该公众号内容在圈层化传播中扩大影响力。

2."极好"气质

拥有"极好"气质的品牌，卓尔不群，让顾客为之动容。追求"极好"的品牌，不断挑战自我，以提供更好的产品和服务，给用户超出想象的惊喜，不仅让用户乐于购买，更乐于传播、乐于对品牌忠诚。

互联网时代追求"极好"，因为全球范围内的竞争者都在比赛，新产品不断淘汰旧产品，不追求"极好"就会被淘汰。

追求"极好"，需要把用户的更好体验刻进品牌追求里，用自我挑战的精神逼企业推出更好的产品。假如企业多年来用同样的品牌形象面对市场，而用户却在不断地提升品味和需求，该品牌就难免被消费者抛之脑后。

3."极潮"气质

科技在进步、人类在跨越，一个活在当下的品牌，必然要赶潮流、追时尚。这里我们对"极潮"的理解是一种与时俱进的思维，针对的是拒绝改变的保守思维。"极潮"气质的品牌，不受传统思维局限，善于借助新思维、新科技、新工具，让品牌在不断进行历史沉淀的同时获得成长的年轻活力。

需要澄清的是，"极潮"气质并非排斥"复古、老字号、古典气质"这样的品牌，相反，当传统品牌在保持精神气质的同时，善于借助时尚的互联网工具，尊重顾客现代化的购物体验，就可以获得不断增长的新客户群。

4. 跨界气质

当宋祖英与周杰伦搭档，ofo 小黄车与小黄人牵手时，双方的粉丝都乐于看见新的化学反应。

行业边界在模糊、个性边界在交融，消费者已经厌倦了传统的条条框框，此时，敢于跨界并善于跨界的品牌让消费者惊喜。正如人们所调侃的那样："不会开挖掘机的司机不是好厨师"，跨界歌手、跨界合作等正不断给人们带来新的期待。

当然，跨界并不都需要亲力亲为，或者挑战品牌不擅长做的事情。更多时候，跨界是一种联合，与行业外的品牌做加法，粉丝共享、资源共享、体验混搭。

光华博思特营销咨询公司就曾经将两位客户的营销方案进行跨界整合——一家是云涛毛巾，一家是 T-KING 卡车。汶川大地震时，云涛毛巾厂家计划向灾区捐献大批毛巾，但苦于无法运到灾区。与此同时，T-KING 卡车正准备向灾区附近运送一批卡车，但也担心路上救灾车的拥堵。光华博思特的项目团队们在为客户制订方案时想到了抱团合作，"车+救灾物资"，双方各得其所，又美名在外，何乐不为？此救灾营销方案一出，获得客户的一致认可，实施后也收到了"极好"的社会反响。

同时，品牌跨界合作要有合作点：或者是一个共同事件的参与方（如救灾），或者是两个品牌的用户有连接点（如女性服装品牌与童装品牌，可以合作推出亲子装），或者处在同一场景（如某电视台联手多个广告品牌主做特卖活动）。如果两个品牌互相割裂、互不协调，就难以产生"1+1＞2"的效果。

5. 人文气质

互联网时代，在科技突飞猛进的同时，也推动了社会思潮的活跃，自媒体、网红、微博达人、知乎答主、直播主播层出不穷，这些个性张扬、吸睛无数的新新人类，正是这个"人的觉醒"的时代的写照。

即使冷冰冰的插座，也诞生了公牛这样的安全品牌。如果品牌的精神气质里没有人的需求，不懂人的喜怒哀乐，那充其量就是产品。以罗永浩的"大众情怀"为例，有人不相信罗永浩做手机，但他提到了工匠精神与情怀，感动了不少用户。

再以光华博思特的客户快易典学生电脑为例，当时，其处在步步高、读书郎这样的品牌包围之中，比资源、比广告皆无优势，怎么办？光华博思特帮助品牌找到了突破点——从用户购买产品的目标入手，而非从产品资源入手。家长买学生电脑追求的是什么？他们希望孩子获得怎样的成长？经过深入的调研分析得出，家长普遍关心的是孩子"情商智商双成长"，但这部分需求并未得到满足，于是"情智导学"概念被挖掘出来，并同时进行产品优化和营销体验升级。当年，在未增加品牌推广成本的前提下，快易典在终端快速抢占了用户的注意力，并获得了超越竞争对手的增长速度。

七、"我们"化的品牌体验

工业化让情感更稀缺，而互联网让沟通突破界限。

例如，你可能本身并没想购买一套儿童产品，但当店家夸你的宝宝可爱，当他们逗你的孩子玩时，你的心情很美丽，很可能你还没来得及仔细了解产品的特点，一个冲动，买了！

今天的人们，有了更多的情感侧面，对品牌的体验需求也更丰富了。当商家的一个小心机触动了你的情感带，你可能完全省略那些理性的分析，跳进了冲动的激流。对有些冲动型的消费，或有些更偏向情感型的产品，品牌体验本身的满意程度很有可能超越产品本身，直接影响品牌业绩。

"我们"化的品牌时代，强调的是品牌与用户的一体，偏情感化、重归属感。如果品牌可以营造"我们"化的品牌体验，带领顾客进入品牌特有的购物氛围、文化格调中，让顾客从体验中感受到美好，这无疑会让品牌这颗钻石更加璀璨夺目。

为此，我们需要站在顾客的角度，重新梳理原有的品牌体验，将新的品牌价值转化为新的品牌体验，找出差评点、填平割裂感、提升基本功能体验、设计情感冲动点、增加超值满意点，实现"我们"化的品牌体验。

（一）找出差评点

当消费者不断提升体验要求，竞品不断推出更炫、更酷、更时尚的体验方式时，我们必须尽快找出顾客期望改进的体验点，进行优化提升。我们需要多从消费者角度出发，精心打造顾客体验，消除不良体验环节，控制体验感受。

好的品牌体验应该尊重用户感受，立足用户思维。如果产品是水源，用户思维就是水管，这种为客户着想的思维让产品体验的涓涓细流顺利抵达用户，变成美好的用户体验（见图3-13）。

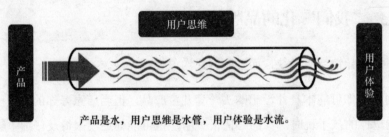

产品是水，用户思维是水管，用户体验是水流。

图 3-13　用户思维

好的品牌体验应该是多维度的。品牌体验设计得越细致，维度就越丰富，它的无微不至让人惊喜。品牌体验的维度有单向，也有双向。单向令顾客享受，双向令顾客参与、行动。

1. 单向的多维度设计

这里提到的"单向"主要指品牌向顾客单方面提供的体验，顾客参与互动较少。而"多维"指每个体验感觉都是由多个环节综合得来的，需要系统打造。比如，围绕"人性化服务"就可能涉及以下方面，如图3-14所示。

图 3-14　人性化服务

　　单向的多维度品牌体验设计虽然暂时不考虑用户参与，但为用户参与互动提供了好的平台，它更强调品牌做好体验的内功，追求品牌体验的标准化、简洁化、规范化、及时性等。

2. 双向的多维度设计

　　顾客越来越喜欢参与互动。如果仅满足于一味向顾客献殷勤，忽略顾客反馈和互动的需求，反而会让顾客觉得腻味。从售前的购买需求沟通，到售中的操作尝试，再到售后的反馈分享，品牌都需要为顾客留出沟通的通道。特别是当越来越多的人喜欢在互联网分享品牌体验时，品牌方不能置之不理。负面的评价要积极沟通，获得谅解或澄清事实；正面的赞赏要进行鼓励嘉奖，要让顾客感到品牌在关注他，他的品牌体验才会保持在好的状态。

（二）填平割裂感

　　割裂感意味着品牌没有融入消费者，这会严重影响消费者对品牌体验的融入程度。要填平割裂感，需要做到以下几点。

1. 填平品牌体验的各个流程

品牌体验的核心是"品牌与消费者的互动"。要让消费者的整个互动进程简单、容易、清晰和有效，并对过多的接触点进行优化或者集中，使每个接触点有更流畅的衔接。比如，一键登录、一分钟注册、24 小时反馈。

品牌接触点分为两个部分：信息传递渠道和行为传递渠道。信息传递渠道，即采用文字、图案、多媒体等形式表达并传播品牌价值、承诺等信息。行为传递渠道是指通过员工和企业整体行为对品牌内涵进行传递。信息传递渠道和行为传递渠道要互相匹配、互相支撑。

值得重视的是，再造品牌体验要特别关注体验的互联网化，通过互联网使线上线下各个体验环节联通，并使各种呆板的体验变得好玩、互动。比如，一款儿童磁力片积木，可以现场试玩，还可以通过扫描多维卡片查看四维拼装演示图，同时跳转网络商城，充分发挥各种体验形式的优势。

品牌体验设计越细致，维度越丰富，越需要流程的连贯，如图 3-15 所示。

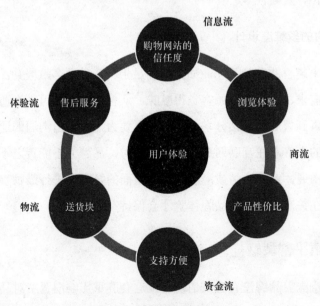

图 3-15 品牌用户体验设计

消费者的体验有阶段性，每个阶段顺利完成才能进入下一个阶段。好的品牌体验，会考虑到消费者体验流的关键节点，在不同节点安排消费者的体验元素和体验方式，并连贯起来形成愉快的品牌体验（见表3-3）。

表3-3　消费者体验流的关键节点

	购买（使用）前 当消费者未转化成客户时	购买（使用）中 当客户正处于转化时	购买（使用）后 当试图追加销售、推介时
品牌形象	展现给消费者怎样的形象以吸引客户	运用哪些体验让客户体验加分、好感增加？品牌在客户脑海中是怎样的画面	哪些体验在客户脑海中形成满意的品牌印象，可促进再次购买或分享
独特利益	向客户传达怎样的信息、品牌优势可让客户关注	向客户传达怎样的信息、品牌优势可促进购买	分享或再次购买的独特利益
发展策略	通过哪些传播让客户关注品牌	通过哪些传播让客户增强信任	通过哪些方式让用户愿意参与传播，扩大品牌忠实度、影响力

2. 填平品牌与用户的分离

要与消费者变化的体验观接轨。消费者不再仅仅满足于以试用、咨询、付款等购买为中心的伪体验，他们越来越在意购买过程中获得的尊重、人文享受；他们有更高的审美要求；他们喜欢互动，希望在互动中享受共创的品牌体验；他们要获得视觉、味觉、听觉、触觉、嗅觉的全方位体验。品牌要与用户真正的体验需求接轨，真正让体验变成"我们"共有的。

然而，消费者并不总能够或愿意提供自己的想法。有时候，消费者不愿显示自己的肤浅或感性，而会故意表示"他们只凭借性能做出购买选择"。要解决这一问题，可以通过暗中观察消费者的购买过程，找出他们"感觉不舒服的点"进行调试，或者给消费者不同的体验方式，比较他们的反馈。

（三）提升基本功能体验

单一的面孔，未经丰富化的品牌体验是僵化的。从购买到使用，顾客对品牌的体验是多层次的，核心是产品体验，其次延伸到服务体验，同时要做到体验的标准化。

1. 产品体验

产品是品牌体验的核心，它是消费者购买的主要目标。如果产品本身有问题，品牌体验就会成为无根之木。产品体验围绕着产品的功能、使用方法、操作流程、购买便利性、价格、质量等展开。所以，做好品牌体验的基础就是确保产品优质。

提高产品体验对于单一产品品牌来说，可采取不断提高产品质量、完善改进功能、降低成本的方法。对于一牌多品的品牌来说，需谨慎延伸相关度高的产品线，为用户提供丰富的、关联度高的购买选择。

产品体验不一定从购买开始，如果能在消费者有需求的时候让该产品深度接触用户，那购买的伏笔就埋得非常早了。宜家家居鼓励消费者在卖场亲身体验产品，而小米手机用户的产品体验从研发就已经开始了，研发、设计、配置，用户还没开始购买就已经参与打造了自己心仪的手机，他们最后能不购买吗？

2. 服务体验

好的服务尊重用户的个性化需求，让人们购买产品的过程舒服，间接促进购买和重复购买，甚至包括分享和口碑传播。服务体验涵盖售前、售中和售后，特别是一些软件类产品，购买很简单，购买后的调试、使用、维护等服务直接关乎产品的使用体验，不专业、不及时的服务很可能让好的产品动不起来、卖不出去。

3. 体验的标准化

品牌体验不是随意的，它只有保持稳定规范的表现，才能让顾客保持稳定的期待，并促进重复购买。

因此，品牌体验需要经过设计细化，达到标准化，才能给予顾客始终如一的感受。特别是当品牌有大量终端门店或发展连锁加盟时，只有标准化才能快速复制，获得市场认可。我们建议，品牌管理者应该把品牌体验中需要的任何物料信息、行为符号都整合成一致信息。

正如麦当劳依靠厚厚的标准化手册，才能跨越国界给予顾客一致性的品牌体验一样，屈臣氏也依靠一套标准化管理方案实现分店的快速拷贝，目前，在店铺装饰方面已经发展到了第五代执行标准。

（四）设计情感冲动点

情感冲动点很可能是顾客突然下定决心购买的一个点。好的情感冲动点可以将品牌体验和消费者欲望联系起来，推进即时消费。因为顾客越来越忙碌，越来越容易冲动消费，在理性的包围中容易被感性打动。

比如，宜家的床品会鼓励客户试着躺躺，这一躺，可能身体就赖上了这张床，完全忘了理性的比较。

情感冲动点不仅要体现品牌特色，同时要考虑消费者的兴趣点。可以考虑的形式基点很多，如生活方式（如宜家的家庭场景化摆放）、产品应用（如天猫精灵的互动应用）、产品相关活动（如猪肉产品的包水饺活动）、消费者的相关需求（如早教机构和育儿）、家国情怀（如红旗轿车）、价值观（如多芬对美的定义）和兴趣（如电动车品牌与户外骑行）。

情感冲动点来自两个层面：一是价值体验；二是心灵体验。

1. 价值体验

价值体验是品牌所带来的满足感和优越感。当顾客感觉通过这一品牌获得了身份认同、个人成长，或者进入了某个圈子、获得了某种资源，顾客的价值体验感会大大上升。苹果、宝马等品牌带给顾客的正是这种价值。这就提醒我们，不要仅停留于产品本身去研究顾客体验，要赋予顾客更多产品之外的附加值，同时也提高品牌的附加值。

2. 心灵体验

心灵体验是品牌对人性的终极关怀而产生的体验，包括文化的认同、价值观的一致、风格和理念的欣赏等。

心灵体验不限于有情调、有内涵的销售环境，也可能来自品牌的公益行动、产品理念、所承担的社会责任等，当这些行为触动了顾客，顾客会从内心认同品牌的精神力量。例如，华为所代表的中国品牌的强大，华为的"狼"文化获得了一部分有志之士的认可，对于这部分顾客来说，买华为手机是一种骄傲。

第四章

品牌沟通模式再造——从单向到多向，动出多倍影响力

互联网导致传播环境、传播方式发生巨变，一个广告"广而告之"的时代彻底过去。大众媒体式微，窄众媒体兴起，传播更个性化、精细化；消费者觉醒，从单向的传播走向多向的沟通互动。

崭新的形象需要崭新的亮相。不要让品牌悄悄地变化，要搞出点动静。

品牌再造后，传播也需要重新规划。

一、单向传播已死，多向互动激活

互联网导致传播环境、传播方式发生巨变，一个广告"广而告之"的时代彻底过去。大众媒体式微，窄众媒体兴起，传播更个性化、精细化；消费者觉醒，单向的传播走向多向的沟通互动。

（一）从单向到多向，互动主体不止一个

品牌传播不再是企业"搭台唱戏"的单方面行为，而是从单向走向多向的过程。在这个过程中，互动主体不止一个。除了企业方，还有潜在的消费者，另外，互动双方会被第三方观察、考评，被利益相关方参考决策。互联网影响越深入，信息曝光和获得越容易，社会参与积极性越高，因此，每次信息发布，都会影响消费者、评论家、投资者、股民、竞品、经销商、员工等多个群体。

这种变化一方面提醒我们，要尊重沟通中的不同角色，为他们留出互动的空间。我们已经告别了一言堂、独角戏的时代，消费者有互动的需求，经销商有表达的权利，给他们表达的空间和通道，聆听他们的想法，才能激发大家的品牌命运共同体意识，才能众筹资源，实现共赢。

另一方面在品牌对外沟通时要考虑每次沟通的多方面影响，要推动不同沟通角色间信息的良性互动。例如，与经销商的积极合作会影响股价，而投资者的青睐又会增强消费者的信心。每个与品牌相关的角色都处在沟通的场景中，他们彼此之间信息的互动会产生多次沟通的效果。

此外，不同的互动角色有不同的互动需求和互动风格。当品牌对内容、形式进行针对性的设计时，沟通才能有效到达。消费者喜欢生活化的、情景化的；

投资者喜欢数据化的、利益化的；而员工喜欢成长性的、共享性的。考虑到这种差异，沟通就站在了对方的角度，容易获得对方的支持。

（二）从传播到互动，告知不是结束

互动的典型特点是你来我往，不是单程旅行，而是往返同乐。仅把品牌信息发布出去，只是简单的传播，不是互动。

互动一开始就期待回应，因此，要从沟通内容上就设置与对方互动的方式，显示出期待对方互动的语气和情感。例如，在品牌活动广告中加入"你希望有怎样的惊喜，留言告诉我们"，或者在品牌活动设计中有消费者参与投票的环节等。

善于互动的品牌会主动寻找顾客的互动点，寻找顾客在互联网上散落的意见或建议，针对正面或负面的信息主动反馈，并且挑选其中有价值的互动制造话题，形成品牌关注点。这种积极的做法不断地反馈、再反馈，带动静态的传播转变为动态的互动，会大大激发品牌用户的活跃度和忠诚度。

（三）从品牌到用户，沟通要有"粉丝范"

从某种程度上说，沟通的主动权由品牌转向了用户，因为同类品牌过多，大家都变着花样争取用户，因此，用户有了挑选的余地。

面对同类竞争与消费者的有限选择，品牌必须调整沟通方式，充分考虑用户的需求、情感和风格，追求与用户的需求共振、情感共振和风格共振。

如果我们仔细观察那些市场影响力较大的品牌，会发现它们和自己的用户收入水平接近、气质越来越像、生活交集越来越多、有着共同的笑点和老梗，他们互相适合对方。苹果用户的文艺范、卫龙辣条爱好者的好玩、U+六防瓷砖购买者的谨慎，这样的品牌富有群体特色，是同类消费者表达自己的方式，是他们融入某一圈层的入场券。

（四）从单次到多次，沟通是反复持续的过程

无论是对一次主题传播，还是某个互动对象，沟通都不是单次行为，而是反复持续的过程。

沟通中可能有误会，需要反复解释，消除误会。 特别是当负面新闻爆发时，"真爱粉"和"黑粉"同时发声，消费者的视听被混淆，品牌更不能期望一次简单的沟通就万事大吉，必要时需要参与策划一出沟通大戏，树立品牌真实、积极、负责任的形象。随着事件多方抛出自己不同的观点，围观者的情绪导向可能会不断发生摇摆，"甲是真的？乙是真的？"围观者不明真相，作为品牌方一定要积极把握对自己有利的因素，站在消费者利益的角度，把每次沟通作为与消费者对话的机会，不断加深消费者对品牌的信任。

沟通中可能有新的事件发生。 不能持续关注后续变化，就可能中途丧失主动权。国家对进口婴幼儿奶粉的资质许可、质检要求在某段时间内曾出台密集的政策，导致相关品牌的进口资格、竞争对手、销售政策在短时间内不得不进行紧急调整。其中有利的因素、不利的因素，直接或间接地会对经销商、消费者的情绪造成起伏，如果不能持续沟通，就可能丢失市场。

沟通中可能有新的互动者加入。 新的互动者中最意想不到、需要警惕的是跨行业的竞争者或搅局者。因为跨行业的合作、产品创意越来越多，充电器可能变成了暖手宝，手机会替代相机，买房子的可能办起了养老院。如果不能保持多方面的市场监测，那些非传统竞争者就可能以意想不到的方式登陆品牌领地。如果出现了这一现象，持续的沟通可以暂时挽救一部分危机，品牌可以通过树立专业形象，适当调整产品策略，聚焦忠诚的粉丝。例如，在手机对相机的替代中，相机就变成了一部分发烧友、专业人士的装备。

二、多向互动策略：众筹 N 倍影响力

荀子曾说"君子生非异也，善假于物也。"聪明的人并非天生与人不同，

只是善于整合周围资源而已。对于市场竞争来说，善于整合营销与借势借力是一流企业共同的"基因"。

（一）多向整合社会资源

1. 整合内部员工

内部员工是最容易争取的忠诚伙伴，他们还是值得用户信赖的品牌形象大使。做好内部员工团结，给予他们品牌责任感和荣誉感，及时奖励他们为品牌增彩的行为，他们会逐渐将自己对品牌的喜爱扩散向亲戚和朋友。

2. 整合用户口碑

如果用户已经购买并喜欢你的品牌，且乐于向他人分享，那么可以给予用户奖励金，这属于联盟营销。亚马逊网站联盟就是一个调动大范围宣传的联盟计划。

3. 借助区域品牌

区域品牌代表着品牌所在的某地区的综合实力。区域品牌为单个品牌提供品牌背书，具有更广泛的品牌效应，如中国鞋都、中国乳都。

4. 与名人合作

名人自带流量、自带影响力，可以加速品牌传播进程。依托与品牌个性相匹配的明星，可以快速建立品牌影响力和联想度。不过在这个娱乐化的时代，需要注意的是，严肃的、权威性的信息不适合借助明星形象。当企业没有多余预算请到名人时，就要想办法"蹭"名人。例如，"花点时间"很聪明地说服高圆圆投资入股，顺带多了一个品牌代言人。某品牌没有资金请李连杰代言，但与李连杰的壹基金合作公益项目，李连杰也很高兴地为该品牌站台。当然，并非所有名人都适合与企业合作，名人自身的品牌美誉度、粉丝类型与品牌是否合拍也很重要。

5. 与专业人士、专业机构合作

专业人士、机构对内可以作为品牌的智囊，对外可以树立品牌的专业和领先形象，因此，不论从品牌发展角度还是传播角度，都应当寻找合适的专业外援。特别是产品研发、营销咨询、广告创意、用户体验等直接与用户关联的方面。

6. 与公益机构合作

公益行为可以大幅提升品牌的美誉度和社会影响力。借助已有的公益组织，或者结合热点公益事件，品牌的公益行为更容易被社会所关注。一些公益组织还有大量的社会资源，品牌可以探索长期的合作模式。

当然公益组织的类型各有不同，救助的人群涉及不同年龄段，建议品牌选择与目标人群、品牌理念吻合的公益组织，并且应当考察组织的透明度、公开度，避免陷入不良组织。

7. 与圈层合作

圈层有共同的兴趣爱好，通常有可以依托的传播平台和组织管理体制。传统的圈层有校友会、车友会、红酒俱乐部、书友会等，互联网时代新兴的圈层有妈妈类论坛、女性论坛、QQ 群、微信群、公众号粉丝等。与圈层合作，通常可以从圈层领导、组织者入手，给予圈层利益或特殊优待，或者与圈层人士合作，共同创造价值、提升双方利益。

8. 与其他品牌联合

所谓品牌联合，是指两个或两个以上品牌在资源共享、共商共赢的原则下，整合双方营销资源，共同组织营销活动，实现优势互补、提升品牌的目标。

Uber 为强调自己实时送达的概念，与冰激凌店合作，一键下单叫来车辆的同时，还有美味的冰激凌，生动诠释了"快速不融化"的品牌特点。

ofo 小黄车与芝麻信用的战略合作，让双方的用户资源互相嫁接，也提高了芝麻信用的增值体验。

当两个品牌的产品不存在竞争关系或恰好互补（如女士化妆品与女士箱包）时，品牌联合营销是一种极佳的策略，能让两者的受众范围倍增。特别是出人意料而又有相关之处的跨界合作，其合作本身就具备一种创新魅力，如宋祖英与周杰伦的音乐合作。

然而，品牌联合传播也存在一种风险，消费者可能会将对某品牌的消极体验转嫁到其合作品牌上。因此，要选择实力和理念相当、营销机会均等、社会形象良好的品牌合作。

9. 与网络红人联手

网络红人（又称"网红"）是互联网时代某些圈层购买行为的意见领袖。他们自带流量，他们引导消费潮流，与他们合作，就是与他们背后的大批粉丝合作。

除了积极与"网红"合作外，还应与网络红人达成深度战略联盟，并积极带动培养品牌自身的"网红"，让"网红效应"持久化。

10. 与媒体合作

媒体是品牌传播的助推器，媒体人是撬动这些资源的杠杆。品牌经理应该积极建立自己的媒体资源库，包括传统媒体、互联网媒体、社会化媒体及自媒体，保持一定的媒体活跃度。

在平台化思维的今天，每个品牌的传播负责人都应该化身为传播平台的组织者，在每次传播行为中充分调动媒体资源库，并逐渐形成稳定的媒体合作关系，且能不断创新媒体合作形式。

（二）多向整合不同互动平台

1. 用互联网创意整合传统媒体

虽然互联网新媒体已全面崛起，但传统媒体仍然有不可忽视的高空优势和权威地位。需要注意的是，互联网时代，在传统媒体上投放的广告要善于运用互联网创意，并且对传统媒体的投放要充分借助大数据做好调研选择。这一点，即使如阿里巴巴这样的流量大户也深谙其道。阿里巴巴的"三台一晚"联动直播，就明智地借助传统媒体放大了互联网平台的影响力，并且将两类媒体的互动方式完美融合。

2. 协同新媒体平台

互联网时代的品牌传播越来越呈现"去中心化"和"碎片化"的特点，传统依靠大众媒体进行强势推广的做法已经逐渐没落。媒体的注意力被稀释和分散，自媒体在各个平台兴起，人人都是中心，人人都是传播源。

深处变革中的品牌，要积极拥抱互联网新媒体，除了自建自媒体资源外，还需要主动与其他自媒体资源合作，借助自媒体联盟进行广告投放，并以自媒体时代粉丝喜欢的沟通方式进行品牌传播。

Onecup 在推出针对女性生理期的胶囊产品"黑糖姜茶"和"四红豆浆"时，就充分借助了自媒体的力量。早在产品研发阶段，它们就与女性生理期社区"美柚"合作，在美柚社区招募深受生理期困扰的会员，进行产品体验，然后根据会员的反馈进行配方调整。当两款产品上市时，Onecup 也延续之前在美柚社区中内测的声势，在美柚同步首发，达到了精准传播的效果。

（三）多向整合不同互动路径

1. 主动式互动

面对越来越忙碌的用户，需要动用创意主动对外崭新亮相。

例如，设计一个有创意的宣传噱头；召开或个性或权威的新闻发布会；撰写走心的故事软文；制作一个可以进行"病毒式"传播的视频，来解释品牌的变化。同时，需要提供专门的客服热线，回答客户关于品牌变化的问题。

2. 参与式互动

除了传统的以品牌为主导的主动式传播，互联网时代，用户更偏爱可以参与其中的参与式传播。

例如，设计好玩的互动游戏；让人们结合品牌变化讨论个人变化；举办一场竞赛，让用户提交使用品牌的照片；给予最早一批分享品牌新变化的用户特别的折扣；利用社会化媒体"@"或"点赞"那些积极接受品牌变化的用户，强化人们对品牌的认知。

3. 1对多的互动

1对多的互动，即品牌方制造优质内容，由N个渠道扩散。其重点是拓展多个渠道，使传播尽可能扩大影响力。这种方式传播内容统一、一个口径对外，有利于官方品牌形象的树立，适合在品牌再造的传播初期使用。

例如，品牌方制作一则15秒广告，然后在传统媒体、官网、微博、微信及各类视频网站等目标用户活跃的社交类视频平台发布，就属于1对多的传播。

4. 多对1的互动

多对1的互动，即围绕1个传播主题，由多个内容发起者创造内容。这种方式需要有一定的活跃粉丝，通过充分调动粉丝的积极性，将一个传播主题充分挖掘透彻，适合在品牌再造传播中期使用。

例如，某品牌通过媒体广告发布邀请函，请活跃粉丝拍摄有关"母爱"的短视频，并通过转发、评论数量选择优质视频，最终汇聚成品牌主题视频。这种形式，边制作边传播，充分挖掘了粉丝自带的流量和创造力。

5. 多对多的互动

多对多的互动是把前面两种方式结合起来，将品牌方及流量博主和自媒体创意优质内容，由多个媒体分发扩散。这种形式对品牌方的管理能力、"大V"的选择、合作能力要求较高，适合在品牌再造传播中期使用。

（四）多向整合多种互动手段

在互联网时代，口碑传播、公关传播、广告传播等传播手段已可以实现有效整合，形成无缝传播，放大传播效应。

整合建立在主题化的核心创意基础上，而核心创意必须立足于品牌核心价值与社会关注点，且拥有足够的外延性，可通过不同媒体工具、不同的角度进行延展和表现，实现对广告、公关、口碑、促销等传播的整合。

整合的实施中要注意不同传播方式的联动。当通过某种传播方式点燃传播热点后，其他传播方式要紧密配合互动。

1. 广告调查公关化

广告调查是整个广告宣传的起点，它是探究用户需求的宝贵时机。如果能在这一过程中充分调动用户的积极性，挖掘用户的需求，不仅可以收集宝贵的用户数据，还能同时传播"尊重用户、注重沟通"的品牌理念。

联合利华为配合"真美运动"开展的大型调查，就将调查对象设定为 22—95 岁的人群，展现她们美丽和自信的一面。这一调查扩大了产品的目标人群，打破了美丽与年龄的界限，激发用户思考真正的美丽，调查本身就颇具话题性。

2. 广告过程的公关化

不要让广告停止于广告。广告在创意前就要考虑结合热点制造话题，并计划好广告之后的连续打法。特别是"广告+公关"的双剑合璧。简而言之就是"炒广告"——炒代言人、炒广告拍摄方式、炒广告理念等，借助公关将广告中的炒作点放大，让 100 万元的广告费用发挥出 1000 万元的效应。

图 4-1 是索尼公司为旗下某高清电视所做的宣传广告，广告本身的炫酷创意在全球范围内就引发了热议。这则广告从一开始就不保密，将拍摄过程公开，吸引网民讨论、拍照，还在官网发布互动游戏，使广告本身被围观，公关效应非常可观。

图 4-1　索尼公司为旗下某高清电视所做的宣传广告

3. 公关活动广告化

公关活动广告化，主要是通过广告形式对现有的公关素材二次加工利用，放大公关活动的传播效应。

T-Mobile 在利物浦火车站策划了"快闪"舞蹈。这次活动事先有几百名专业舞者带头，人们在好奇中纷纷加入，但并不知道组织者。与此同时，活动组织者在周边先行隐藏了 10 台摄像机，记录了现场的情景，尤其是现场观众从惊讶、好奇到享受的过程。随后，这些摄像记录被编辑成了 3 分钟的影视广告，在著名的真人秀节目发布。为了延续这次"快闪"的影响，T-Mobile 还在 YouTube 上开设频道，进一步分享当天的周边视频，并邀请会员分享自己制作的舞蹈视频。这次快闪行动后续还吸引了多家电视台、报纸报道。通过不断发酵传播，这次快闪行动在 YouTube 上被观看了 1500 多万次，T-Mobile 的购买意愿也大幅上升。

T-Mobile 的公关活动广告化路径是："快闪"舞蹈形成素材、话题—编辑影视广告—发布广告扩大影响—YouTube 开设频道，蔓延到网上—会员观看、分享视频—媒体跟进报道—T-Mobile 的购买意愿上升。

（五）多向整合竞争对手

从某种程度上说，是竞争对手衡量了你的段位。正如诸葛亮之于周瑜，王老吉之于加多宝。如何定义品牌的竞争对手，如何制定与竞争对手的竞合之道，显示着品牌的行业定位与竞争策略。

一些小品牌通过将自己定义为行业大牌的竞争对手，从而进入了消费者的视野。某些明星刚刚出道，被包装为"小××"，正是善于定义自己的竞争对手或相关品牌的例子，这种方法可谓是靠近大品牌的捷径。

善于与竞争对手对弈，是品牌深入人心的长线策略。正如苏宁与国美、京东与淘宝，竞合之间，共同做大品牌。

对弈的最高段位，是竞争对手成为自己的陪衬，比附强势品牌，自身品牌形象不断拉高。

三、多向互动内容：告别审美疲劳

互联网时代的品牌互动进入了争奇斗艳的时代，更酷、更炫、更抢眼、更有情怀——没有最好，只有更好。

消费者的欣赏视野不断开阔，参与意识更强，不会轻易为常规的品牌传播动容。因此，品牌互动也不能固守某一类，应该围绕"一个品牌中心传播形象"，让品牌形象动起来，在多向化的互动沟通中，不断增强消费者对品牌的关注度和忠诚度。

要使品牌形象动起来，就要紧扣"什么人、说了什么话、做了什么事"，抓住互动的主角、内容和事件，也就是说，要让主角动起来，让内容动起来，让事件动起来。

（一）动主角——赋予主角生命

从企业的立场出发，以品牌为核心，随着每次沟通的具体目标和内容不同，沟通的主角也应该随之变化。参与互动的主角可能是人物、商品、技术，也可能呈现为风景、活动甚至动物。

每次互动的主角应灵活切换。当新品发布时，互动的主角就是新产品。当组织品牌活动时，互动的主角就是活动，人们关注的是活动的规则、参与方、趣味点，而非企业的产品。当参与公益活动时，互动的主角就是企业的社会责任，而非企业的商业利益。有时为了获得粉丝支持，企业会隐藏商业企图，伪装成另一种有公益色彩的主角。主角变动的背后，是互动换位思考的哲学，是制造一种对方掌握主场、对方被尊重的感觉。

进入互联网下半场，这种主角的切换变得越来越频繁。有的企业不能接受这种主角的转变。认为品牌就应该以商业利益为导向，严肃而实际，孜孜不倦地追求业绩提升。可问题在于，消费者不是这样。他们有了参与意识、有了主角意识、有了被尊重的意识，如果在每次与消费者的互动中都直白地表示"我要卖货"，忽视消费者体验、品牌价值和品牌文化，消费者会认为品牌功利而无趣。

互动的主角应该是活生生的。他们不应该抽象成一个代号，而应该有动作、神态、思想、历史、个性、梦想。在产品撞衫、撞功能越来越容易的今天，仅表明自己功能的产品很难被消费者关注，也很难跳出竞争圈。产品需要说出自己的故事——为什么而生？为什么而变？能够实现谁的梦想？产品最好有自己的喜、怒、哀、乐，且与它要服务的人群有同样的轨迹。这不是作秀，是真正让消费者了解品牌背后的故事和人，让品牌所有的承诺都有血有肉、值得信赖。

我们有时候会纳闷，产品已经足够好了，为什么消费者不选择我们的品牌？除了反省产品本身的问题外，还应该问问自己："是否给消费者展示了品牌的初心、梦想，以及遇到的挫折与品牌的坚持？""是否让品牌的名字变成了一系列动起来的努力、探索和创新？"1200元一本的限量版杂志，其昂贵的理由是"由印度僧侣手工印刷"，因为它背后有昂贵的、纯粹的人；一包常见的辣条，有人愿意高价买下，是因为它加进了欢乐与幽默。不得不承认，最好的产品不仅是产品本身，更是产品背后有生命的主角。

（二）动内容——激发内容活力

生活节奏加快，人们能够静下心来仔细阅读的机会变少了。同时，新的诱惑变多，人们应接不暇。这推动着品牌必须进行短平快的灵活沟通，每个字、每句话，都希望有抓人眼球的神奇力量。

我们必须设法使沟通内容动起来！

以下是一些内容动态化的建议：

（1）避免一言堂，每次沟通至少有两个角色，才能形成思想的互动。例如，在沟通中加入品牌与消费者、产品与竞品、社会问题与企业行为两类角色。

（2）借助对话、交谈方式。这种方式让语言生动、生活化，具有亲和力。

（3）借助动词、动作。不论是广告、活动，还是产品介绍，动词和动作都充满力量，可以激发行动欲望。

（4）充分利用文字、图片、HTML、动画、短视频等形式，让内容穿上时尚的外衣，动起来、唱起来、玩起来。

（5）从粉丝立场设计传播内容，传播对用户有价值、有趣的内容，避免单向的品牌传播。

（6）用粉丝喜欢的语言形式。技术控、幽默范、自嘲、酷酷的，让语言与粉丝在同一个频道。

（7）推送有互动性、有参与感的内容，如选秀活动、发红包、送礼品、试用等，激发用户的参与热情。

（8）密切关注新闻热点进行内容策划，侧重寻找热点与品牌（如品牌价值观、人群、产品、利益等方面）的结合点。

（9）借助新鲜的事物、词语、说法，表达品牌的观点，这让品牌充满年轻的活力。

表 4-1 所示为媒体互动内容自检要点。

表4-1　媒体互动内容自检要点

类　别	标　准	说　明
新鲜度	是否新鲜事物、新消息	新闻事件、重要节日
相关度	是否与品牌相关	结合品牌最新动向、透露性信息、品牌重要日子、公司里程碑、与品牌相关的励志名言
价值	对用户是否有用	避免自说自话，始终以用户利益为中心，多提供干货，多用数据，给予优惠。 关注产品对用户的利益、价值，而非陈述品牌特点
风格	是否是目标用户喜欢的风格	避免自我设定格式、语气，尽量靠近用户语言，或趣味、或幽默，但不要无趣。要有激情，从生活上升到艺术
态度	是否谦虚有礼、幽默好玩	避免傲慢、攻击性语言，避免伤害第三者
逻辑	是否严谨，前后一致	避免结论与事实不符、相关利益点、口号缺乏支撑
体验	是否通过图表化、视图化、多媒体来表达	避免给用户造成阅读负担，越轻松越好，能用图、动画表达的，就不用纯文字
分享	是否值得分享	如果你感觉没有分享欲望，用户更没有。试着给予一个分享的理由，从标题到内容，充满好奇的、实用的、诱惑的……

（三）动事件——炒出事件热度

所谓事件营销，其炒作点就是具有新闻效应的事件。品牌可以通过直接策划参与或赞助、评议、对抗事件的方式获得大众关注。

热点+品牌=热点品牌

互联网时代，品牌可以借助事件营销充分放大品牌的影响力。以新闻事件为起点，品牌可以通过各路媒体将事件扩展到公共关系、广告造势、客户关系上，充分利用事件营销做足文章。

从新闻、博客、论坛到广告，信任度依次降低，事件营销更容易树立品牌的正面形象，建立消费者对品牌的信任，如图4-2所示。

如何策划、参与事件，让事件动起来？

一是外界发生的热门事件，与品牌无直接关联。首先需要从事件影响的人群、矛盾冲突、发生区域、利害关系中找到与品牌的结合点。热门事件本身就被高度关注，企业需要通过持续关注事件走向、发表观点、采取行动让事件动起来，让一次关注变成长期关注，并通过品牌行为收获一批粉丝。例如，面对地震等自然灾害，品牌通过捐款捐物表达自己的价值观、共担灾难，但这仅仅是一个开始。品牌随后还需持续关注网上舆论、救灾进展，甚至将这种爱心行为以某种形式固定下来，在动态关注、持续参与中成为事件中重要的一分子。

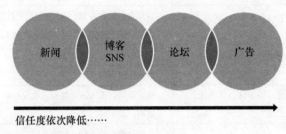

信任度依次降低……

新闻最可信，视频最生动

图 4-2　互联网上"信息信任度"排序

二是外界发生的热门事件，与品牌直接关联。对于正面热门事件，应当以事件为契机，积极宣传品牌内在的价值、理念、实力、团队等企业核心资源，使热门事件内化为企业的长期影响力。

对于负面事件，可以从积极参与主导事件、表达自身立场、解决问题、转移矛盾等角度积极应对事件。例如，企业危机公关，事件本身影响力已具备，考验的不是制造声势的能力，而是巧妙应对的能力。另外，事件相关方的利益冲突、对立观点等，本身就充满张力，有时直面这种冲突，从中彰显品牌的经营智慧，也会赢得更多支持。王老吉与加多宝的官司营销，就是将负面官司巧妙转变成了品牌传播资源的典型案例。

三是品牌自发策划的事件，品牌关联度很强。要让事件动起来，一方面要解决的问题是如何选择主题事件并做大声势，树立正面的品牌形象，通常需要匹配相应的话题制造、广告造势、公关形象和促销策略。另一方面，要避免成为企业的自娱自乐行为，要将相关的消费者、行业专家、政府、协会、合作者等引入企业活动，共同做大事件参与人群和影响力。

苹果善于做事件营销，特别是搞意外惊喜。苹果手机每次的新品发布会就是一次营销大事件，围绕发布会的神秘、断货、猜测、抢购，都让整个事件不断保持热度。在苹果新品上市前，总会开始透露一些信息，首先是一个提示，然后是谣言，接着又有谣言来反驳先前的谣言。事实上，这些信息大多数都是误传，但它驱使人们疯狂地猜测。随后，真正的苹果发布，又不断抛出新的设计，直至发布会结束，猜测不断、意外不断，这也算苹果的乐趣之一吧。

"西湖论剑"是阿里巴巴的一次品牌活动策划，对成功提升阿里巴巴品牌知名度起了巨大的作用。此前，阿里巴巴在互联网领域的名气并不高，此后，阿里巴巴很自然地与网络江湖中的知名门派掌门人并称。"西湖论剑"站在了整个互联网行业的高度进行品牌传播策划，既提升了品牌行业地位，又掌握了话语主动权。

新闻事件以其真实性、影响力具备天生的关注度。借助新闻热点事件进行传播策划，既可体现企业强烈的社会责任感，也可轻松借势新闻事件本身的影响力。新闻热点的 4 个主要策划方向如图 4-3 所示。

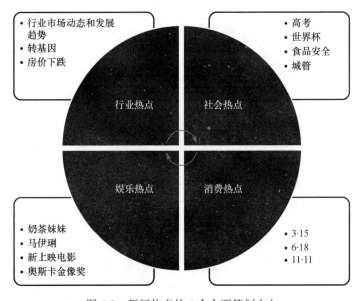

图 4-3　新闻热点的 4 个主要策划方向

做事件营销就要集中精力做一件有影响力的事。如果一个活动有足够的创新性和独特性，便会受到热烈关注。例如，乔布斯曾经斥资 170 万美元请著名导演拍摄了一支 60 秒的广告。这则广告产生的新闻效应比广告内容本身更加轰动。

并非所有有影响力的事件都可以成为品牌的顺风车，事件营销要结合品牌价值观有所选择，才能与品牌相得益彰，形成深刻的记忆点。

四、多向互动形式：跟着用户节奏玩

互联网时代不断涌现新的传播形式，娱乐化与多媒体化成为营销推广的大趋势，如短视频、秒拍、H5 等。互动性更强、更好玩、更开放，用户也更乐于成为参与者和分享者。传统单向的传播形式远远不能获得关注，我们需要跟随用户兴趣，采取多向化的传播形式。

多向化的传播形式，即在传统传播形式的基础上，侧重补足互动性强的传播形式，充分发挥传播互动性，并对多种传播形式加以整合运用。这里重点介绍近几年比较流行的直播、视频和音频传播。

（一）面对面互动的直播

网络直播的优势是直观性、即时互动性和代入感强。当网络直播与品牌宣传结合时，网络直播便在信息披露、用户沟通、宣传获客等方面大展身手。

随着更多用户加入，直播平台也开始细分。有侧重会议活动类的飞虎、微吼直播，有侧重生活类的花椒、来疯、映客直播，有侧重娱乐类的 YY、斗鱼直播等。细分让传播分散，也更精准，我们需要根据品牌属性、传播主题、目标人群，有针对性地选择直播平台。

未来，直播会继续向垂直领域渗透，如"直播+育儿""直播+美容"等（见图 4-4）。

直播的内容要按小板块、小节奏进行，方便用户随时切入。

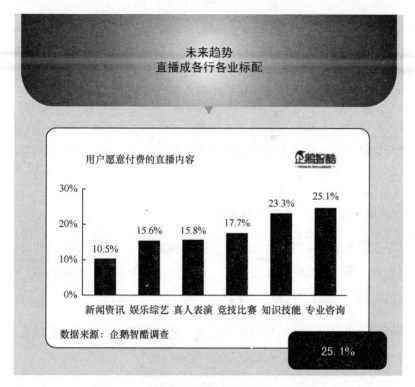

图 4-4   企鹅智酷预测的直播行业的未来趋势

直播的语言风格要好玩、有趣，有互动感，尽量口语化。

直播情节要精选值得一看的环节，要么有价值，要么有意思。

直播要随时互动，不定时插入奖品优惠等激励，随时鼓励用户"谢谢宝宝打赏"，体现平等与人情味。

直播的行动力很直接。当通过互动、游戏、体验等展示了产品特色时，需要很简明地告诉粉丝购买方式、组合搭配等。直播的用户很直爽，他们用下单购买为喜欢的品牌和主播投票。他们认为"你既然觉得这个东西很好，完全可以直接告诉我，我现在就愿意去买。"

直播平台与品牌传播有如下结合点：

1. 品牌宣传类——有高度、接地气

通过网络直播进行信息披露，相较于传统的公司实地考察、开座谈会、举办客户答谢会等信息披露形式，可以超越地域的限制。

通过直播可以发布的品牌宣传类内容有：新闻发布会、签约合作直播、产品发布会直播、平台融资发布会直播、公司乔迁直播、销售庆功会直播、公司高管关于管理问题的主题直播等。

2. 人物直播类——点燃人与人交流

从专业层面，可以邀请行业专家直播，包括公司内部及外部合作专家。行业专家直播，不仅可信度高，还可以为用户提供专业知识、专业解答，增加品牌附加值，提高用户的品牌忠诚度。

从粉丝人气层面，可以邀请代言明星、网红直播。他们自带粉丝流量，富有个人魅力，是吸引关注、制造话题的一条捷径。

从品牌服务层面，可以安排客服沟通直播。对于一些需要专业客服指导的产品，以及一些需要客服进行危机公关的事件，我们建议专业的人员做专业的事，专业度更高、信赖度更高。

从品牌文化层面，可以发动全体员工、铁杆粉丝、玩家建立个人直播账号，加入品牌直播行列，举办直播大赛，发挥大众创意，形成全民热潮。

3. 活动直播类——可娱乐、可卖货

品牌可借势节日或者社会热点，通过直播平台边娱乐边卖货。可以发起线下促销活动和线上娱乐直播，"线下互动+线上直播"整合传播；也可以借助线上其他平台宣传，直播平台参与抽奖、发放优惠特权等，让用户与品牌边玩边买。

（二）玩出有疯传力的视频

一个成功的在线视频可以成为品牌传播的动态平台。大量的互联网流量都

来源于视频消费。许多品牌主也开始其视频内容的战略布局，用于品牌介绍、品牌宣传、产品促销，以增加用户触达，促进用户参与度。

1. 探索视频营销的多元化应用

1）视频广告类——追求广告与内容的和谐匹配

一种是在短视频大号所制作的视频前后加上贴片广告。建议广告与视频内容的风格、场景协调匹配，避免网民因广告与视频内容间的巨大差异产生不适。那些广告与视频内容协调的媒体投放，可以增强广告的有效到达。

2）视频活动类——追求用户参与互动

可基于短视频平台开展营销活动，如有奖视频创作大赛，鼓励网友原创并分享。

3）客服问答类——追求专业、好玩

拍摄短视频解答客户疑问。建议视频风格活泼有趣，可以通过语言方式、场景布置、年代穿越、影视情节植入等形式让问答变得好玩，也更容易传播。

4）品牌形象类——追求亲民、人性化

短视频平台提供了一个充分展示品牌文化和特点的机会，可拍摄制作公司团建活动视频、节日员工采访视频等，传播品牌形象。

2. 给品牌视频注入一点疯传要素

1）把产品玩到极致的惊奇感

某滑冰鞋厂商发布的产品玩家视频，玩家穿着滑冰鞋在人们熟悉的场所进行表演，其炫酷的特技大受网友欢迎，4年多的时间已经有1.8亿次观看记录。

2）孩子、女人和其他美好的事物

依云的《旱冰宝宝》广告视频，萌萌的小宝宝本来就招人喜欢，何况还是玩旱冰如此高超的小宝宝，人们惊喜开怀之余，忍不住就会分享，如图 4-5 所示。

图 4-5　《旱冰宝宝》短片截图

3．情节简单而有趣，激发用户接受挑战、二次创造

简单才好复制，参与才会分享。每次参与都会形成个性解读和二次发布，最终形成海量参与。

4．为视频创造一个人性化的角色，契合品牌定位

名人和网红自带流量，而有个性、与品牌个性契合的主角也会吸引流量。例如，搅拌机品牌 Blendtec 荒唐的科研视频，用搅拌机搅拌 Pad、鞋、手机等，本身就够疯狂了，结果实验主角还是一位白发苍苍的穿白大褂、不苟言笑的老人，强烈的反差让视频一时成为热点话题。

把行为主角由常规的人变成某种动物也是一种不错的方法。例如，某品牌拍摄的大猩猩击鼓视频，颠覆性的创意引发网络疯传。

5．互动、参与、被关注

有了直播以后，视频的互动变得更容易实现。名人、品牌方、网红都会在直播上与粉丝亲密互动，那些预先制作的视频也可以做到互动。例如，把视频做成系列式，通过微博、微信弹幕收集互动需求，本期互动要求在下期回复。品牌方

可以邀请用户向视频主角提问，并选择那些有社会影响力的人所提出的问题进行回答，引发人们竞相提问。被选中的问题可制作成短视频，并上传到视频网站。这种简单的提问回答互动方式，非常适合短平快的移动互联网节奏。

（三）延时互动的音频传播

传统意义上，音频是由专业人士制作的。但喜马拉雅、荔枝 FM 等开放式平台让更多用户参与成为主播，也让品牌传播内容有了更多主动性，音频也成为品牌传播中的新形式。

相比视觉广告干扰较多的开屏特点，闭屏的音频广告可以更有效地让品牌信息触及用户，这是音频营销的关键点。

对于品牌传播来说，从战略角度考虑，企业应当搭建品牌专属的音频自媒体，如罗辑思维的自有账号。从专业性来说，可以策划定制专题节目，结合品牌和产品特点，与业内专家或专业主播合作定制节目。例如，婴幼类产品，可以与育儿专家合作开办育儿节目。

音频通常是事先制作的，因此其互动是延时的。如何让音频更有互动性？

1．互动感的选题

选择网友热议、粉丝关注度高的话题，找到品牌与话题的结合点，而非从品牌角度选题。

2．互动感的制作

音频制作可以采用多人交流的形式，避免形式呆板。还可以鼓励用户互动，在下期节目中针对用户的互动给出反馈。例如，让用户选择话题、建议背景音乐、留言抽奖、参与录制等。

3．互动感的分发

一方面，将音频链接发布到其他社会化媒体；另一方面，用特定优惠激励用户分享品牌音频。

五、多向互动群体：四维联动的强大攻势

互联网时代，强大的品牌不能只与消费者对话，消息灵通的消费者也会关注品牌的其他侧面，如员工形象、行业形象、社会形象等，因此，品牌需要长袖善舞，塑造其在员工、行业、社会层面的良好形象，用整体好感包围消费者。

因此，我们提倡要做多向化的互动，形成四维包围圈，包括面向企业员工的内部传播，面向行业客户的 B2B 传播，面向银行、股东、投资人的金融传播，面向政府、公共机构的社会传播。它们为企业营造良好的经营环境，并能齐心协力为最终的目标客户树立良好的品牌形象。

（一）对员工内部互动——团结品牌背后的人

新的互联网形势下，员工观念已从被动打工逐渐向积极共创转变。

员工是最好的品牌大使。如果让员工有了幸福感，为品牌的所作所为骄傲，为自己的工作而自豪，就会形成一股巨大的力量，激活品牌的内部驱动力。

在品牌再造的过程中，一线员工直接面向用户，直接影响用户对品牌的体验。而领导层是品牌再造一系列决策能否贯彻下去的中坚力量。如果品牌需要再造，领导层必须高度重视，做好品牌再造内宣，制定切实可行的推进表，落实岗位职责，积极引导员工接受品牌新形象并对外传播。

当品牌内宣到位，品牌再造落实到每个员工的工作、行动计划和成长空间后，员工就会感觉到品牌再造的切身价值，进而推进品牌再造从纸面变成行动。

品牌内宣要为员工后续工作的开展提供框架内的自由，特别是连锁品牌、跨区域品牌。框架是标准，自由是员工的主动创造力，或者框架是基本要求，自由代表着工作质量的一定上升空间。

品牌内宣最传统的形式是发小册子或开展讲座。借助互联网各种好玩的形式，品牌内宣也可以制作各种互动视频、主题秀、竞赛，让员工在欢乐的氛围中拥抱改变。麦当劳在推广"我就喜欢"的主题时，就先在员工中玩起来，各种手语舞蹈，从上到下、跨越国界，帮助新的主题从员工蔓延到用户。

品牌内宣要抓住以下 3 个要点：

1. 领悟品牌再造

带领员工领悟品牌再造的前因后果，激发员工对再造前景的渴望，明确再造对个人的利害关系，掌握个人在再造中的角色扮演。

2. 鼓励员工参与

鼓励员工充实提升自我，对品牌再造提供可行的建议，并积极吸收有想法的员工加入再造团队。

3. 支持员工发展

对员工在品牌再造过程中的积极贡献要及时肯定。引导员工与品牌再造同步发展。

品牌再造要从梦想、计划转变为现实，需要全体品牌团队的高效执行。所以，内部传播是外部传播、品牌执行的前提和基础。

要根据企业内部员工的组织角色和学术水平制订不同的传播计划。例如，高管侧重于领悟战略再造、中层侧重于管理执行、基层侧重于具体落地。

戴维·阿克在《品牌大师》一书中指出，内部传播由浅入深可以分为 3 个阶段：第一是"学习"品牌愿景阶段，了解品牌愿景主要包含哪些内容、和其他品牌有哪些区别。第二是"相信"阶段，相信品牌可以在愿景的引导下前进，愿景会带来最终的成功。第三是"活化"品牌阶段，员工受到激励并得到授权，实施品牌愿景，不论在内部还是外部，都愿意成为这一愿景的拥护者。

"学习"的过程可以包含所有的传播手段，如内部邮件、官方网站、研讨会、学习墙、微信群、品牌手册等，由专业品牌人士或高层讲解品牌战略再造背后的"为什么"和"怎么办"，促使员工高度重视品牌再造。

在"相信"阶段，要开展一系列广泛的传播活动，使员工相信品牌愿景背后有实质性的内容来体现。可以通过两步实现：一是用比较高调可见的计划来使品牌愿景和与之联系的商业战略获得真正的成功，二是使员工评估机制及其薪酬体系与有关新项目的企划相匹配，以激励员工支持再造。

在"活化"阶段，要鼓励员工采取行动，超越传播到达行为层面。在品牌研讨会上可以要求员工积极参与活动，如提出品牌传播宣传片创意思路、提出创新技术强化品牌、让员工与消费者角色互换等。例如，喜力啤酒通过一个内部桌上足球比赛激发员工对品牌活动——赞助欧洲冠军杯的热情，85%的员工觉得这个比赛代表了喜力的核心价值观。这样的品牌内部传播就点燃了外部传播的热烈氛围。

（二）对行业客户的 B2B 传播——团结品牌合作者

品牌不止为消费者而塑造，也为品牌营造良好的合作环境而塑造。面对品牌所处的行业上下游客户、跨行业消费群重叠的其他品牌，优质的品牌往往可以获得更好的合作资源。

行业客户更关注的内容——合作模式、利益分成、市场前景、行业运营发展的干货等。

行业客户偏好的传播渠道——行业展会、邮件、行业类网站、行业类自媒体、业界意见领袖自媒体、圈层、行业类社会化媒体等。

行业客户偏好的传播风格——专业基础上的规范化、人性化。

（三）对银行、股东等投资人的金融传播——团结品牌支持者

在资本深度介入企业发展的今天，品牌要想进入发展快车道，不得不重视

资本力量，释放对资本友好、利好的信息，根据自身情况选择资本合作。

如何对各种投资资本进行传播？

资本更关注的信息——品牌发展历程、创业团队、运营模式、盈利状况、行业前景、行业运营发展的干货等。

资本偏好的传播渠道——线上的行业类媒体报道、风投类网站、业界意见领袖自媒体等；线下的行业论坛、沙龙、创业家路演会、创业咖啡馆、投资见面会、圈层引荐、创业交流会等。

（四）对政府等机构的社会传播——团结品牌大生态

随着网络多媒体的发展，任何品牌的动向都很容易暴露在公共环境之中，特别是负面新闻，这使企业面对越来越多的舆论压力。企业需要做好与所在社区、工商、税务、行业协会、相关检测部门、质量管理机构的公关传播，为企业发展营造和谐氛围。

有利的政府政策为品牌所在行业提供有利的发展大环境，良好的政府关系为品牌赢得更多合作机会和展示窗口。特别是在各种区域大开发、新能源、互联网+、环保等风口上，品牌如果能积极开展政府公关，将为品牌发展获得更多机会。

关于如何做好政府等机构的传播，有以下几点分享：

（1）以守法经营为前提。

（2）建立企业内党组织机构。积极靠近行业协会、人大、政协等与政府沟通的平台。

（3）规划企业内的参观线，并建立政府领导参观的陪同机制。

（4）积极将品牌提供的社会价值与政府当前工作重点结合，并主动参与相关的行业协会，响应号召。

（5）在对外互动中注重宣传企业的社会责任。积极参与政府主导的公益活动。

（6）积极与行业专家合作，结合行业政策进行前沿性研究，通过"人脉+课题"获得政府支持。

（7）积极参与本地政府举办的行业展会、论坛、参观学习等活动。

（8）积极拓展政府人脉。一些大型的企业活动，如公司成功上市、新品研发成功等可邀请政府相关领导出席。

（9）重要的投资项目向政府官员进行咨询，获取政府在人才引进、税收等方面的支持，并邀请政府领导主持相关仪式。

（10）与政治保持必要的距离。

六、多向互动媒体：多元化品牌传播

互联网时代，各种各样的新型传播方式在不断发生变化，传播主体从传统媒体几家独大到新媒体百花齐放，消费者的注意力也转向多样化的新媒体，企业自然需要随时关注新媒体，用好新媒体。

（一）搭建品牌自有的多媒体平台

搭建品牌自有的媒体平台，可以使品牌获得更多主动权和控制力。

这些自有媒体平台包括官方网站、微博、微信公众号、今日头条、百度百家等。

1. 官方网站

根据用户兴趣与品牌传播需求，品牌可以开辟几个固定的传播栏目，如产品知识、用户社区、品牌活动、行业前沿、品牌新闻类，保持一定的更新频率，结合用户热搜话题、阅读偏好进行内容优化，保持内容的互动性。

2. 微博

微博可以做矩阵式账号布局，包括不同功能定位的公司号（如品牌类、客服类、销售类）、个人号（公司领导人、技术人才、销售人才、市场公关人才）。公司主号做活动、树形象，发布官方信息，其他账号配合宣传造势。

3. 微信号

微信号也可以做矩阵式账号布局，包括不同功能定位的公司号（如品牌类、客服类、销售类）、个人号（公司领导人、技术人才、销售人才、市场公关人才）、不同类型的微信群。

公司号做形象，通过活动和优质互动维护客户。微信个人号"拉粉丝"和做个性化互动。微信群对粉丝做分类管理，制定微信群管理规则，定期开展活动，设置互动话题，不断增加粉丝并维持粉丝活动。

4. 公众平台型自媒体

公众平台型自媒体包括 QQ 公众平台、头条号、企鹅媒体平台、搜狐公众平台、百家号、网易号、凤凰媒体平台等。

这些平台是正在成长的自媒体平台，各自有一定的增粉途径和影响力。一些自媒体平台往往依托于新闻客户端或门户网站等自有生态体系，具有庞大的流量基础，有些自媒体平台也会对优质内容进行推荐展示，值得品牌进入。

同样，除了做以品牌为主导的品牌账号外，还可以号召企业内的领导层、专业人士、市场人士及爱好自媒体的同事参与构建自媒体阵营，并制定一定的激励机制。

对于做好微博、微信、头条类自媒体矩阵的管理，建议如下：

（1）做好企业内的内容收集、下发渠道。保持与客服、销售、导购等群体的活跃沟通，对上反馈一线信息，对下做好内容分发。

（2）定好内容基调、风格、范围及传播框架，在框架内进行传播。

（3）有特定的内容审批机制。

（4）定好传播路线。主账号发起，分账号配合在主题下加入细节、互动、个性化创造，并进行传播。

（二）社会化媒体的互动策略

社会化媒体的属性首先是社交，然后是媒体。社会化媒体基于用户的社会关系，其内容生产与交换通过圈层资源不断对外扩展。因此，社会化媒体的使用价值，不仅是用来传播信息，更是通过它将人们联系在一起。

如果仅将社会化媒体当作媒体，不重视社会关系的建立和维护，那么它的媒体属性就很难发挥。对于品牌传播来说，一方面，要借助社会化媒体，就要尊重消费者的社会关系网，鼓励用户调动自己的社会关系，分享有利于品牌的内容。另一方面，要塑造品牌人性化的一面，把用户当作朋友，成为用户社交圈的一员。根据品牌定位，品牌可以是扮演用户信赖的专家，也可以是贴心的伙伴、时尚的导师等。

1. 发挥不同社会化媒体的动能

社会化媒体的主要特点是平等、参与、公开、对话、社区化和聚合。品牌方可以根据大数据和用户画像精准定向目标客户，并逐步建立低成本的粉丝群，便于后期开展低成本的舆论监控和市场调查。

根据媒体类型和聚合人群的不同，不同的社会化媒体在品牌传播中可以发挥不同的作用。如图 4-6 是社会化媒体的不同类型举例。在打造品牌知名度、传播内容/互动、提供服务/交易时，我们需要选择相应的社会化媒体。

图 4-6　社会化媒体的不同类型举例

1）打造品牌知名度类媒体——让品牌融入大众生活

包括百科类、新闻类、文档上传分享类网站。这些平台较为成熟，流量可观，可以辅助 SEM。

值得一提的是百度百科，对一些网民来说它相当于网络词典，可以提供信任背书。企业应当根据自己所属行业，编辑一定的百度百科，适度植入品牌信息。

2）内容/互动类媒体网络——品牌开展互动传播的主战场

包括贴吧、微博、论坛等。这里人群基数多、互动性强，可以成为品牌开展互动传播的主战场。部分权重较高的平台（如百度贴吧、天涯）收录较好，可以辅助 SEM。沟通类论坛还可用于用户社群运营，特别是百度贴吧，可以建立品牌专属贴吧，"社群容纳感"较强，可以促进用户与用户之间的交流与互动，让用户找到社群的归属感。

在这些平台经常会有与产品相关、与生活相关的求助和分享。当品牌信息、品牌服务以专家形象出现在这些平台，为用户提供有价值的解决方案时，也会比较受欢迎。例如，某奶粉品牌育儿专家为客户解答关于喂养的一些知识，这比单纯宣传品牌更快接触用户，更容易建立信任感。

戴尔曾借助博客、Twitter 互动性强的特点，积极与用户对话，逐步走出品牌客服质量被吐槽的危机。优衣库（UNIQLO）曾经与 Twitter 合作，借助网络虚拟排队游戏发放优惠券，吸引了大量网民关注，如图 4-7 所示。

图 4-7　UNIQLO 与 Twitter 合作发放优惠券

2. 社会化媒体由小聚大的动力

中国是一个典型的人情社会，有丰富的社交资源。以亲友、朋友为核心，中国人的社会关系一层层向外拓展，像小石子投入水中激起的水波纹一样，费孝通先生称之为"差序格局"。这种社会网络，其中的连接线是亲情、朋友、利益和地域关系。即使在互联网下半场人们积极构建跨地域的陌生人的社会关系，但大部分人的社交圈都是小圈层，水波纹向外扩展的影响力有限，很难影响整个水域。因此，社会化媒体是一个个分散的小圈层。

以人情社会为基础，要让分散的社会化媒体动起来，成为大的关系网，其动力在于人情、利益与互动机会。在某一具体的社交平台上，企业一方面需要精耕细作，建立用户与品牌的深层关系；另一方面需要搭建各个小的社交圈的互动机会，简单的如转发、打分、点赞，复杂的如组团砍价、选秀活动的亲友团支持等。

在不同的社会化媒体平台之间，因为社会化媒体的类型较多，人群兴趣有分散也有交叉，需要运用跨社会化媒体的营销思维，在推广或促销活动中，跨越多个社交平台。例如，一次活动可能在微博、微信、QQ 空间、知乎等多个平台同时发起，形成协同效应。

3. 社会化媒体策略

社会化媒体充斥着各种内容，但只有那些有趣、具有功能性优势、能够推动议程或是在一个有趣的领域引起共鸣的主题和内容才能被传播。当品牌主动发起的传播行为引发用户共鸣时，便会形成病毒式的裂变。

这启示我们：①一个品牌必须创造易于在线上社会化媒体广泛传播的主题和内容，让用户产生共鸣。当市场出现适合品牌形象的传播内容时，企业应该及时借势，暗中推波助澜。②品牌方要主动把握传播的节奏，积极布局社会化媒体架构，引导传播扩散。③在同一个推广主题下，品牌推广要与销售政策相配套，及时将流量与关注度变现。

一般消费品社会化媒体策略如图 4-8 所示

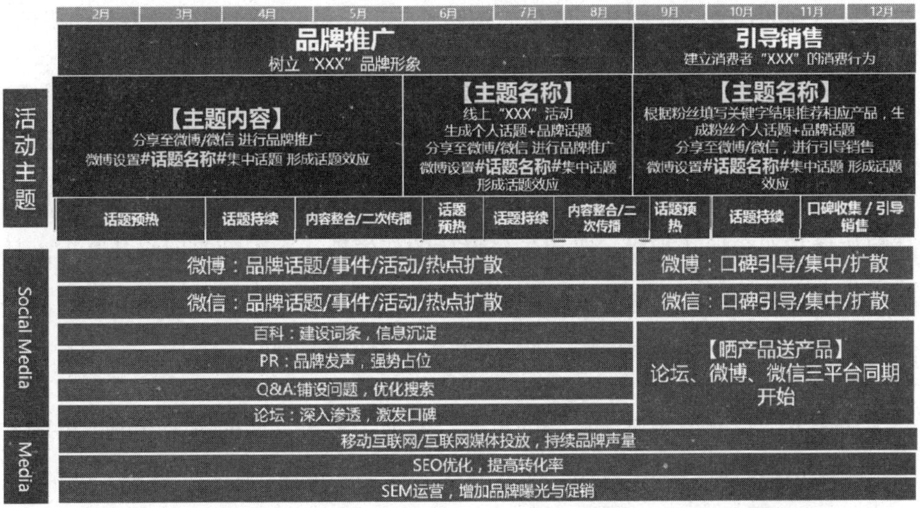

图 4-8　一般消费品社会化媒体策略

在社会化媒体传播的内容方面，比较值得关注的是用户参与性较强的互动类传播，如游戏、抽奖、有奖征集、创意比赛、个性化定制等。需要注意的是，这些活动一定要对用户有价值，如有趣、利于成长、有利益，或者满足某种心理欲望，才能激发用户的参与热情。如果可以在传播环节中加入病毒营销元素，激励用户向朋友圈扩散，传播效果就可以成倍放大。

（三）创意媒体互动策略

所谓创意媒体传播策略，一是指有创意地进行媒体选择和媒体组合，选择最适合品牌人群和广告形式的媒体；二是指在品牌传播中对媒体的创造性运用，在媒体创意策略下，媒体环境将成为广告的重要构成部分，直接参与传播信息的创意表现和发布传播。

1. 创意媒体选择、组合

在大家熟知的传统大众媒体、互联网门户、社群媒体、微营销媒体的基础上，避开竞争对手的锋芒，躲开广告洪流，有创意地提出新的媒体运用，会收获意想不到的惊喜。原则是，媒体有流量，人群足够活跃，便可以为品牌所用。

在互联网上，品牌可以融入消费者经常活跃的社区，在多个网络媒体社区制造话题，吸引网友参与关注，逐渐形成社会舆论。例如，糗百等笑话社区可以成为品牌发布"病毒式"传播的表情包的战场。直播、秒拍等平台可以成为品牌传播花絮和趣味视频、吸引年轻群体的新领地。在天涯等网络社区上，品牌可以化身普通网民，与网友抢"沙发"，问答互动（联想的"小新系列"就曾经把品牌包装成为一位 IT 男，其萌言萌语大受网友欢迎）。

在线下，也有很多游击广告的机会。例如，形式灵活的游击营销，租赁大学生的额头做彩绘广告。再如，宜家的产品体验式传播，阳台、楼梯、火车站、候车室都曾被善于创意的宜家接管，以产品为主角，发布创造性的体验广告，变成生动的产品体验空间，如图 4-9 所示。

图 4-9 宜家家居某店为庆祝新店开业，特地布置了一面家具攀岩墙。这面墙壁高达 30 英尺，柜子、床、书架、桌椅等家具都变成了特殊的岩石。这种特殊的体验广告，像超大的行为艺术，既可以广而告之，又可以让人们攀岩，零距离体验商品

2．媒体的创造性运用

1）户外环境的变化元素让广告动起来

麦当劳的"日冕"广告闻名广告界，可谓好评如潮。麦当劳对户外广告的创造性运用，让路人忍不住驻足欣赏，如图 4-10 所示。

"日冕"广告的聪明之处在于巧借阳光，"指针"会依次指向不同的时间点，而每个时间点上分别是麦当劳的供餐清单。这是一个令人赞叹的"行为艺术"，品牌宣传与户外环境巧妙融合，好玩且富有智慧。

2）产品与传播环境的意外融合

为某啤酒品牌做终端广告时，可以借助酒吧门把手这个小媒介，直接把酒杯贴纸套在酒吧门把手上，让顾客产生错觉，以为门上正盛满一杯啤酒，等自己去取。一个互动动作，第一时间拦截客户，如图 4-11 所示。

图 4-10　麦当劳的"日冕"广告

图 4-11　啤酒广告创意

3）个性化的互动物料

如果在多媒体、互联网环境下投放广告，建议尽量个性化你的传播物料，如让用户可以自定义部分内容进行分享，或者使用变量能将用户昵称用在个性化场景下。例如，品牌春节发布的拜年 H5 页面就可以个性化，设计成允许粉丝更改名称、更换新年装拜年的样式，自然可以吸引很多爱玩、爱社交的粉丝。

不同的媒体有不同的交互方式，在同一传播主题下，需要对不同媒体的传播内容、物料形式进行专门设计，以获得更好的互动效果。例如，论坛的抢楼、抢沙发——抢的是互动、好玩和爆料；知乎的点赞——赞的是专业干货、不从众；微博的转发、评论、@——转的是交情、利益和圈层；百度文库的阅读和下载——读的是知识和成长；豆瓣的阅读评论——评的是不一样的真实观点。媒体受众不同、特点不同，互动内容必须个性化。

（四）融入型媒体植入

传统的硬广告、硬植入忽略用户感受，导致用户对广告产生排斥。新的品牌植入式传播"软理念"与之不同，更侧重于消费者的感受，强调传播与媒介环境、情境的融合，如潜伏一般。

人们熟知的是影视节目量身定制的情景植入和道具用品植入。联合利华的《丑女无敌》植入就是此类。不过虽然品牌与节目情节融入，但会有品牌曝光过度、审美疲劳的风险。

比较受用户欢迎的是品牌精神的植入。例如，以影视节目传递品牌精神，在情感共鸣中获得关注。雪佛兰、优酷等合作的"11度青春"系列电影，品牌出现镜头很少，却用大量镜头生动刻画了青春与奋斗的主题，并吸引用户评论、参与剧情竞猜、讲述自己的故事，貌似弱化品牌，但品牌精神却更加强化，如图4-12所示。

图 4-12 "11 度青春"系列电影

另外比较有趣的两种植入是弹幕广告植入和情景广告植入。虽是品牌广告，但并不打断影视情节，反而借助影视情节或人物创意广告，与观众互动，在融入情景的同时带出品牌，让观众感觉有趣，如图4-13所示。

图 4-13　情景广告植入

（五）借助大数据开展精准互动

数据是信息时代的原材料，正如土地是农业时代的原材料一样。

在移动互联网条件下，基于大数据、云计算、物联网和人工智能，可以对不同目标群体的特性分类管理，对市场进行有针对性的预先规划，由此开展精准传播。

如图4-14，体现的正是企业与消费者之间的大数据应用逻辑。大数据类似于定量研究，商业直觉类似于定性研究。图4-15更进一步展示了大数据在网络零售中的应用。一方面用"消费者行为线索"收集数据，另一方面用"推荐窗口"展示产品。

在越来越重视定量研究的互联网社会，大数据在品牌营销传播方案发布前的作用类似于传统市场调研。美国总统大选数据驱动型竞选活动的一名架构师迈克尔·斯拉拜指出，"大数据"的真正含义是，接近实时地处理大量信息，从而使我们能够利用信息做出行动的能力。有此能力，我们能够以战略性的方式而不是事后回顾的方式，做出不同的决定。

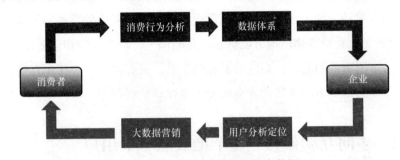

图 4-14　企业与消费者之间的大数据

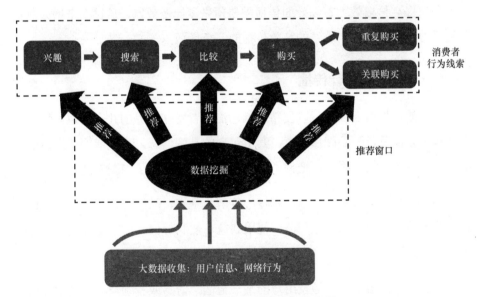

图 4-15　大数据在网络零售中的应用

在品牌营销传播方案的测试阶段，大数据可以鉴别不同传播方案的效果。

美国前国务卿的创新顾问亚克力·罗斯介绍，美国总统大选的竞选团队中就灵活运用了大数据。其中一次，竞选活动使用了同一封电子邮件的 18 个不同版本，每个版本的标题都各不相同，以此确定哪个最有效。最成功的标题"别的竞选人会花的比我多"募集到了 267.3278 万美元，而表现最差的标题是"民意调查说对了一件事……",只募集到了 40.3603 万美元。

当然,大数据终究是一种工具,如果被大数据束缚,具体做出品牌战略,有可能陷入被动。因为大数据经常以历史数据、已经发生的数据为基础,即以"过去的眼光"看待事物,很可能会加强负面偏见,缺失发展和创新性。另外,大数据关乎消费者的隐私,是没有灵魂的工具,只有在人文关怀和有情怀的品牌营销方案的指引下,大数据才会成为企业发展的好帮手。

七、多向互动效力:多个增效点拿下用户

如何提高传播效力?高效的传播需要预先设计增效点,通过多个增效点提升传播力。以下是我们总结的高效传播的几个增效点。

(一)以触点设计传播

有效的传播需要设计,以便精确抵达消费者感知外界的几个通道。每次消费体验都会涉及若干品牌接触点,其中包含的品牌信息,直接或间接地影响着消费者的购买决策。因此,把握了品牌接触点,就把握了消费者的思维入口。

如何设计品牌接触点?以品牌核心价值为基点,品牌可以向外辐射出顾客感知的 6 种价值,包括功能利益、使用利益、便利价值、欲求或渴望、符号代言、个性体现。

只要品牌传播的触点触及用户的某一记忆、情感或者利益,品牌就与用户产生了关联并获得了用户的关注。这样的品牌传播首先就避免了自说自话、自娱自乐。接下来,就可以与用户谈谈人生、聊聊理想了。

(二)以情怀直达人心

粉丝经济时代,如何走进粉丝心里,成为品牌获得人心的方向。

成功的品牌一定是与目标受众产生了共鸣的。我们常说的品牌情怀或者有

情怀的品牌，其获得用户喜欢的内在原因正是制造了情感共鸣。当一个品牌宣传表达出顾客内在的价值观，而不是仅仅表达出产品优势时，更容易获得情感共鸣。

小米的"150克青春"在微博上创造了当年最高的转发数。当这个话题发布后，所有的"米粉"都在讨论：为什么青春是150克？发布会上，小米将答案告诉了大家，这次发布的青春版手机重量是150克。它巧妙地把青春的轻盈与产品特质结合起来，话题感和情怀十足。

一个有情怀、能够与顾客产生情感共鸣的品牌善于将品牌元素中的理念与顾客的价值观、情感欲望紧密关联，仿佛品牌的每次传播都饱含情感，品牌的每句话都在为用户内心发声。

1. 情怀营销要有套路

有效的情感表达会在用户情感和品牌之间架起一座桥梁。

首先需要明确所表达的情怀。情感的总基调应该围绕一个主题。建议对品牌元素进行审核，看看在品牌塑造时是否体现了情怀，这将为品牌的情怀营销定下基调。毕竟，不是所有的情怀都值得品牌追随，特定的情怀需要表达给特定的人群，即品牌的目标人群，或追求酷，或爱环保，或提倡节约，等等。

走心的情感不是把顾客当顾客，而是把消费者当成自己的家人、爱人或朋友，对他撒娇、对他卖萌、为他着想、理解他、表达他所想、与他共鸣、让他爱上你，甚至不管不顾地偏爱你。

另外，情怀表达是整套的，就像穿运动服表达不出正式感一样。一个深情款款的品牌应当是由内而外的，内外兼修，才会让品牌每次的情感营销累积到用户内心。品牌可以从这几个方面表达自己的情怀：品牌名、品牌包装、品牌故事、品牌价值观、品牌行为、品牌沟通。品牌名和品牌包装是第一印象，一个冷冰冰的名字和机械的样子比较难以让人感受到情怀。品牌故事是情怀的载体和渊源，品牌价值观是情怀的基础，而品牌行为和品牌沟通是情怀的表达。

情感的选择应该出乎意料又合乎情理，才能引起关注（最好是矛盾式表达）。加多宝的4张"对不起"系列广告，紧扣品牌，一个主题、多个场景、多个角色，却选择矛盾式的表达——明明取得成就，却说对不起。虽然矫情，但人们最欣赏的就是逆境中的强者，加多宝塑造了这样的品牌形象，所以被追捧。

情怀营销需要套路。一次单纯的情感营销很难快速建立起品牌的情怀。情感的分量一定要足，才可以煽动顾客内心的小情绪。

情感的传播应同时调动多方力量：或者多个媒介；或者一种媒介分阶段、分篇章；或者需要借助众人之力，一个情感多人表达，众口铄金；或者需要多个场景，让用户产生强烈的代入感；或者需要由浅入深，让用户不小心逐步深入。

2. 把握用户的关注点

我们需要感知粉丝的情感需求，引导粉丝的情绪出口。

什么人会关注你分享的内容？他们有怎样的情感世界？他们在担心什么？他们关注什么？好玩、新奇、可爱、冷酷，还是不可思议、时尚潮流、闻所未闻？怎样的话题和内容设置能让他们哭或者笑，能让他们觉得好玩并持续分享？有情怀的品牌应当走进粉丝内心，发现他们的需求，理解他们的痛点，与他们的情感关注点产生共鸣，并提供品牌解决方案。

（三）以趣味快速引爆

娱乐化的时代，不好玩怎么行？有趣味，互动才有看点。有趣味，互动不再枯燥，反而变得好玩，在享受中吸引人们关注。

趣味作为一种风格，可以应用于广告、公关、促销。趣味元素不能固守于产品，它可以发散到与品牌文化相关的哲学，体现生活的达观智慧；也可以在古代和现代之间无界穿越，如悟空理财意外地出现在各种古装剧的情景植入广告中；也可以展现孩童般的纯真，像彩虹糖一样捉弄人类；当然也可以不走寻常路地把产品浪费在美好的事物上，像阿芙口红一样，做一场500色口红的色彩盛宴，用口红作画，如图4-16所示。

图4-16　用口红作画

好玩的情绪会传染，当品牌变成传播趣味的源头时，品牌便会随之传播。

某洗衣品牌快速引爆的背后，也启用了互联网趣味玩法。例如，99元洗一袋衣服、朋友圈分享洗衣体验、比赛谁能在一个袋子里塞进最多衣服、下单送哆啦A梦等。只有让洗衣变得好玩，才能玩转洗衣业。

（四）以视觉明媚惊艳

当"零文案"广告越来越多地出现在国际广告竞赛上时，这代表着一种趋势——越来越多的广告在尽量减少语言符号，以视觉元素与消费世界对话。

这是一个感觉的时代，一个读图的时代。当人们进入读图时代，能用图像说话时，就请用视觉沟通。这代表着一种思维方式的转变。

视觉传播更注重感性经验和娱乐。

视觉传播要追求视觉冲击力。

典型的如巴西 Havaianas 人字拖的广告，其对色彩的大胆运用、炫酷的感觉已经坚持成为一种品牌特色，色彩的王国完全表现了产品的热情浪漫，如图 4-17 所示。

图 4-17　巴西 Havaianas 人字拖广告

视觉传播的长期个性化运用，会形成品牌特色的视觉记忆，如颜色、构图、特殊符号等。从更大层面来说，可以上升为视觉战略。即从整个企业角度实施色彩营销。这可以体现为决策和实施两个层面。①决策层面：建立以目标用户为导向的视觉决策体系，确保视觉符号的使用有章可循，体现品牌特色；②实施层面：将视觉营销贯穿到产品设计、包装、装修和品牌的传播体系等方面，传播品牌视觉风格。

（五）以互动搅动圈层

根据附着力因素法则，当信息以人们熟悉并喜欢的方式表达时，信息附着力远远大于传统大众模式。而最强的附着就是直接参与，因为人们的参与本身就是信息的一部分，他们关心这个信息、创造这个信息。所以，有效的品牌传播，一定要预留入口，让用户参与互动。互动不是单一的，既要调动消费者与品牌之间的互动，也要重视消费者与消费者之间的互动。

无互动不成互联网品牌。进入互联网时代，一切拒绝互动和联合的品牌将陷入孤立，流失消费者的注意力资源。

互动方式包括举办竞赛、用户秀、用户参与品牌活动、用户参与品牌设计等。

1. 品牌互动五大诱因

（1）经济奖励：包括实物和虚拟奖励。随着越来越多的品牌提供经济奖励，要吸引顾客，经济奖励的门槛也越来越高。

（2）心理肯定：迎合用户兴趣或欲望，肯定用户存在的独特意义。

（3）意见相反：激发用户批评、纠正的欲望。

（4）情绪感染：最好附着在一个公共事件或某个特殊时间点上，用户情绪比较容易被感染。

（5）意见领袖：当有用户喜欢的明星、专业人士、卡通形象参与其中时，用户比较容易被触动。

要做好品牌互动，需要把握每次品牌互动的机会。严格来说，品牌的一举一动，都是在与用户互动。品牌每次秀出自我，做得不好是独角戏，做得好就是互动。

2. 品牌互动的多个维度

有效的互动可以从以下几个维度进行设计。

（1）产品互动：这是互动的核心落脚点，包括产品咨询、体验、讲解、售后等。

（2）传播互动：品牌互动在消费者开始关注品牌时已经开始了。品牌的一个广告、一次社会化媒体上的发帖和回帖，都在与用户互动，如果感觉良好，很可能会进入下一次互动。

（3）人与人的互动：包括一线导购、销售人员、客服人员与用户的互动，以及用户与朋友的分享互动。

（4）人与品牌的互动：品牌互动的最高层次是顾客把品牌作为一个可以沟通的对象，品牌的价值观、优势、个性等都带给顾客人性化的体验。作为品牌方，要积极设计顾客互动的方式，如建立投诉机制、活动参与机制、会员互动机制等。

（六）以节奏层层推进

一个品牌从不知名到享誉业内，有一定的传播阶段。一次传播行为从小范围知晓到大范围传播，也有一定的推广节奏。拔苗助长或不能把握传播的层层推进节奏，都会影响传播效果。

1. 品牌传播的 4 个阶段

第一阶段是认知阶段：目标是实现渗透覆盖。在这个阶段，可借助行业调查报告、RTB（实时竞价）、大数据和 Cookie 技术，找出关注品牌同类产品或相关产品的消费者，分析他们的兴趣、注意力偏好和浏览轨迹，然后制订精细化的品牌传播计划，帮助品牌迅速打开知名度。

第二阶段是美誉阶段：着重树立口碑。通过社会化媒体的精心设计和深度沟通，能够在目标受众心中建立品牌和产品的差异化价值，为品牌累积美誉度。

第三阶段是转化阶段：这是品牌客户最看重的阶段，这时搜索可以收口了，在这个阶段通过付邮试用、促销政策激励，可以实现广告效果的实际转化。

第四阶段是二次营销：实现访客找回。所谓"二次营销"，就是锁定品牌官网、商城及客户信息档案上有过访问、注册或购买行为的用户，制定老顾客营销政策，强化品牌影响力，提醒重复消费，这也是许多品牌进行消费者忠诚度培养的重要阶段。

2. 利用"150 定律"分层引爆圈层

无论是"高富帅"品牌还是品牌新秀，传播都并非越多越好，关键在于把握心理接受节奏。广告宣传的效果与曝光次数并非成正比例上升，而是呈现一个倒 U 形曲线，如图 4-18 所示。"拐点"一般在刺激过于单调或持续时间较长时出现。因此，需要根据市场反馈，适时控制传播频率及节奏，在拐点出现前调整传播节奏或转换传播方式。

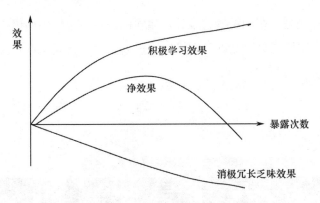

图 4-18 重复暴露的双因素理论模型

那么，在拐点出来之前，如何设计传播节奏呢？

"150 定律"认为，每个人背后可能都有一个影响 150 人的社交圈。要发起一场大规模的流行潮，需要分步进行。

（1）先瞄准一个小群体，群体人数最好不要超过 150 人，一旦突破 150 人，协作便开始走向低效。

（2）在小群体中把一件事做到极致，形成小群体的消费潮流。

（3）发起多个小规模群体的流行潮，并保持这些小规模群体间的联系，逐渐实现一个小群体到大群体的飞跃。

案例：苹果的悬念节奏

概念测试阶段：启动新品宣传，借助虚拟技术引发憧憬，满足好奇心理。

新品研发时间：结合电影场面曝光小花絮、新技术，让果粉持续心跳。

新品推介会：神秘剧场，惊喜不断，果粉对产品期待达到顶峰，转移到购买。

新品销售：短缺！选择性首发！果粉以拥有为傲！

（七）以套路，组合制胜

高效的互动是一系列精妙的设计，如同机关套路一般环环相扣。有触发点发起互动、有支撑点导出品牌、有推广线扩大互动、有互动点激发用户、有落地点促进销售，如图 4-19 所示。

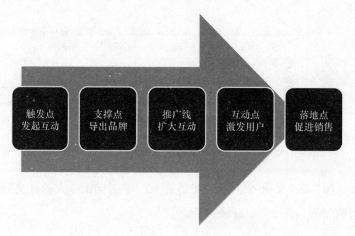

图 4-19　高效互动套路

以下是这个互动套路在不同角度的应用尝试。

（1）痛点/问题互动套路应用，如表 4-2 所示。

表 4-2　痛点/问题互动套路应用

触发点 发起互动	支撑点 导出品牌	推广线 扩大互动	互动点 激发用户	落地点 促进销售
消费者痛点/问题挖掘	解决方案——品牌产品	专家评论	试用报告/用户评价	

消费者痛点/问题挖掘（头发干枯）—解决方案（某种营养元素）—品牌产品（宝洁的洗发水）—专家评论（研究机构支持）—试用报告/用户评价（明星代言人等）。

宝洁的广告会首先指出你所面临的一个问题来吸引你的注意。接着，广告会迅速告诉你，有一个解决方案，就是使用宝洁产品。

另外，补充专家的相关评论和用户不带偏见的评价，会增加消费者对品牌的信任，提升消费者的选择偏好。

（2）话题互动套路应用如表 4-3 所示。

表 4-3 话题互动套路应用

触发点 发起互动	支撑点 导出品牌	推广线 扩大互动	互动点 激发用户	落地点 促进销售
选择用户关注话题	结合产品定义话题	持续发酵	神秘活动——引爆产品	引导购买

以小米为例，选择用户关注话题（青春）—结合产品定义话题（小米"我们的 150 克青春"）—定义情怀（青春回忆）—持续发酵（合伙人青春微电影）—神秘活动（青春入场券引发参与）—引爆产品（史上最疯狂转发）—引导购买（秒速售罄）。

"我们的 150 克青春"以青春情怀为切入点，怀旧的旋律、萌萌的画风，带我们回到大学宿舍，重温青春岁月，站军姿、食堂、逃课……满满的回忆，小米成功引起了我们的关注。

（3）公益互动套路应用如表 4-4 所示。

表 4-4 公益互动套路应用

触发点 发起互动	支撑点 导出品牌	推广线 扩大互动	互动点 激发用户	落地点 促进销售
热点/社会问题	品牌参与救助	驱动媒介传播	用户热议	销售措施配套

以汶川地震社会救助为例，热点/社会问题（汶川地震）—民间公益救助（全国发动慈善捐助）—品牌参与救助（王老吉捐款）—驱动媒介传播（全网"封杀"王老吉）—用户热议（用户讨论捐款）—销售措施配套（让王老吉从货架消失）。

触发层面：王老吉汶川地震后捐款 1 亿元，并通过论坛、媒体等多个渠道让全社会高度关注"王老吉"。

推广传播层面："封杀王老吉"的主题化传播，反向引发关注。

互动层面：选择从互动率高的天涯社区开始，以普通网民的身份发帖，隐藏企业身份，潜伏进网友圈，吸引网友卷入。

销售层面："让王老吉从货架消失"的口号，使得王老吉成为国产饮料的翘楚，一度超越传统销量强势的饮料，占据国内销量第一的位置。

第五章

销售模式再造——从品牌传销分离到
传销一体化，"销售=品牌"

互联网时代，信息传播与品牌购买基本实现了同一入口，在传播的同时建立了销售路径一体化，消费者通过搜索或广告看到品牌便可一键下单。同时，消费者偶然使用了产品，也会乐于通过社会化媒体进行分享，品牌方也尝试利用每次销售与消费者互动，每次销售都在累积品牌效应。"品牌=销售""销售=品牌"，二者是即时、同步的。

在传统市场，品牌通过大量传统广告提高知名度和认知度，随后通过招商、铺货展开销售。通常品牌形象树立在前，销售在后，彼此分离。图 5-1 所示为传统的双线营销。

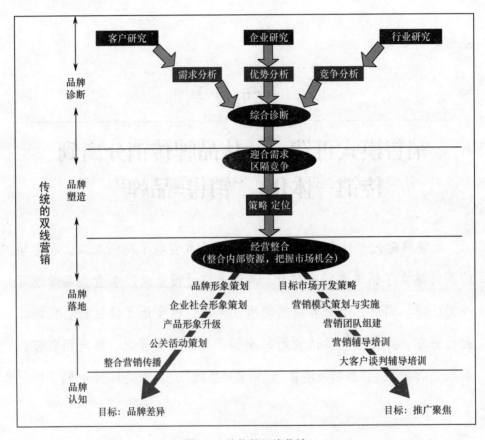

图 5-1　传统的双线营销

互联网时代，信息传播与品牌购买基本实现了"同一入口"，在传播同时建立了销售路径一体化，消费者通过搜索或广告看到品牌便可一键下单。同时，消费者偶然使用了产品也会乐于通过社交媒体进行分享，品牌方也尝试利用每次销售与消费者互动，每次销售都在累积品牌效应。"品牌=销售""销售=品牌"，二者是即时的、同步的。

一、打通"五流"的交互体系

"五流"指人们在购买过程中分别涉及的信息流、商流、资金流、物流及体验流。传统购买过程中的五流分离，导致传播与销售的分离和不对等，效应不能叠加。

要实现传播与销售合一，必须打通五流。移动互联网打破了线上、线下的界限，实现了信息流、商流、资金流、物流、体验流的深度融合。

传统的五流呈线性、分离状态，品牌方需要单独开展各个板块，客户的购买过程也需要从上一阶段依次进入下一阶段——先获得信息，然后购买、付款、收货、体验，需要不断转换场景，也需要一个相对漫长的过程，如图 5-2 所示。

图 5-2　传统的五流线性分离模式

进入互联网下半场，五流合一成为可能。在同一个入口，如淘宝、微信、京东、品牌官网，消费者足不出户就可以在几天内完成五流的全过程。甚至如软件类、课件类产品，可以在短短的几分钟完成整个过程。借助最新的增强现实（Augmented Reality，AR）技术，复杂的产品也可以实现体验的即时性，如图 5-3 所示为互联网下的五流合一模式。

如果品牌方不能意识到这种改变，不能给予消费者五流合一的体验——看到了不能立刻买到，或者能购买却缺少体验，又或者没有配套的资金、信息解决方案，很有可能会流失客户，因为顾客缺失的其他体验板块影响了他的即时决策。

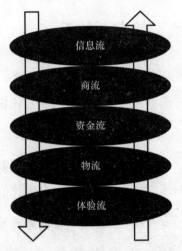

图 5-3　互联网下的五流合一模式

案例："深林氧"山猪，五流合一，一流体验

重庆红红公司，是中国西南地区最大的母猪及仔猪饲料生产企业，经过多年的发展，企业不断壮大，开始涉足现代养殖，年出栏商品猪 13 000 头。如何将这万余头猪卖出去，并且卖出高价格、获得高收益？公司领导想到了"品牌化"。

这次"品牌化"有一个让人耳目一新的营销计划——将传统的五流分离体验，通过互联网合并为一流，打造"五流合一"的互联网营销新体验。据主持"品牌化"工程的光华博思特营销咨询公司介绍，五流合一打通了线上、线下的客户群，大大增加了公司的现金流量，缩减了非标准化的低价值劳动，让红红公司进入了互联网的快车道。

何为五流？何为一流？

传统商业的五流包括信息流、商流、资金流、物流、体验流。

（1）信息流：网络传播、新媒体推广。

（2）商流：信息技术服务。

（3）资金流：网络支付、预付。

（4）物流：从工厂直接到用户。

（5）体验流：线下体验、店面体验、全程参观。

五流合一后，红红公司打造的是一流的现代意义上的店面，即在对产品进行标准化定义的基础上，借助互联网使顾客体验合一，打通线上、线下，线上下单，线下体验和配送，并且激励用户线下一次体验，线上重复购买。

如此一来，传统的猪肉售卖方式变得好玩、时尚，顾客尝试欲望增强，销量随之节节上升。

传统"五流合一"与互联网"一流体验"的对比如表5-1。

表5-1　传统"五流合一"与互联网"一流体验"对比

比较项目	传统"五流合一"	互联网"一流体验"
终端定位	销售中心	体验中心
辐射范围	2千米	20千米
购买频率	来两次买一次	来一次买20次
顾客黏性	黏性差	黏性强
顾客关系	偶然关系	稳定关系

目前，红红公司对生态猪肉进行深加工，并用产业链作支撑，做大品牌，将"深林氧"的网店布局到重庆、武汉，再借力电商平台，拓宽销售渠道，致力将"深林氧"打造成全国知名的生态猪肉品牌。

（案例来源：《光华博思特营销咨询公司经典案例》）

五流合一有助于互联网思维的一体化协同营销。信息流、商流、资金流、物流、体验流合一，品牌相关的信息、体验与销售相关的商流、资金流、物流一体协同，同步提升，如图5-4所示。

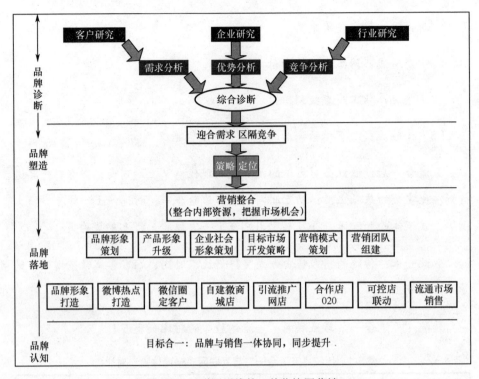

图 5-4　互联网思维的一体化协同营销

二、品牌传播+销售的一体化

互联网时代的全渠道传播与销售，使得每次传播都蕴含着销售的机遇。打造"传播+销售"的一体化，名利可以双收。这种一体化主要依托互联网带来的对消费媒介、地点、时间、方式的解放，因此，我们对品牌"传播+销售"一体化的探讨主要基于互联网平台。

福特嘉年华推广 2011 款车型的做法正体现了"传播+销售"的一体化。它们在美国精心挑选了 100 个具有网络影响力的"精英"消费者，并把 100 辆车交给他们使用。在前半年的每个月，每个"精英"都会完成一项由福特设计的主题使命，"精英"们通过视频、推特、博客等媒介来描述他们驾驶的感受和体会。这种真人秀的方式虽然没有任何媒体广告，却得到了 5 亿人的关注，品牌认知度超过 40%，引来成千上万的预约订单。这一活动还成功延续为品牌活动，成就了一年一度的"下一个福特嘉年华"活动，品牌每年都要精心选择 100 个"精英"消费者来参与这项活动。

福特的"精英分享传播策略"成功带动了产品的旺销，创造了传播带动销售的新模式。其实，当我们从传播角度思考，就可以发现一些"传播+销售"一体化的路径，如表 5-2 所示。

表 5-2　"传播+销售"一体化的路径

	传播类别细分	销售对接
传播路径	官方网站、第三方电商网站	官网商城，或跳转第三方网上商城，或二维码跳转至移动端微商城，提供线下购买途径
	搜索引擎推广、网盟广告、视频贴片等广告	跳转到官网商城、第三方网上商城，或二维码跳转至移动端微商城
	微博、博客、空间等 PC 端社会化媒体	跳转到官网商城、第三方网上商城，或二维码跳转至移动端微商城，提供线下购买途径
	微信自媒体	提供线下购买途径，也可以跳转微商城、京东商城
	头条、搜狐等第三方移动端媒体	提供官网名称，联系方式及线下购买途径
	户外媒体、游击媒体	二维码跳转至移动端微商城
	展会、体验、促销、庆典等现场活动	现场销售刺激政策，开通线上线下的销售通道，配合线上会员系统、优惠券等
传播人群	员工	开放内购优惠，对外发放优惠券，员工可对接发展微商分销
	会员、粉丝群体、特定圈层	开放内购优惠，对外发放优惠券，推出老带新政策、产品联合促销政策
	商业伙伴等合作客户	开放内购优惠、团购政策
	媒体圈人士、公益组织	爱心关怀，捐赠弱势群体，并为此做慈善义卖等活动
	经销商、分销商	制定分销政策，销售激励

（一）品牌"传播+销售"一体化的驱动力：流量

无论是线下还是线上，流量都是销售与传播一体化的驱动力。

随着实体店铺与网络店铺逐渐融合，网络为实体店铺引流，实体店铺为网络提供本地真实流量与体验支持，引流成了一件可以交叉影响、共同受益的事情。

考虑到线下引流方式的地域、受众局限，在此我们重点探讨如何依靠网络提高流量。

1．流量要广布

流量，先要有量的分布。

流量包括免费流量和付费流量两类。

付费流量的关键是控制好广告费用的浪费。借助专业化的投放工具、大数据与精准的广告付费模式，可以提高广告经费的影响力。

免费流量的关键是广发优质外链，这些站外引流路径如表 5-3 所示。

表 5-3　站外引流路径

站外引流路径类别	举　　例	注意事项
购物分享网站类	美丽说、蘑菇街、美丽指数、花瓣网、嘀咕、寻购网、翻东西、TOPIT.ME、堆糖网、搜道网、逛就爱点评网、逛街啦、什么值得买、我喜欢、慢慢买、爱逛街、惠惠网、拖拉网、豆芽网、途购网、值值值、滚雪球女性购物分享、我爱搜罗网	选取品牌比较有竞争力的产品，遵照各网站规则发布。另外需要注意大部分购物分享网站只接受参加淘宝客的店铺商品
博客空间类	百度空间、QQ 空间、新浪博客、腾讯博客、网易博客、搜狐博客、51 博客、凤凰博客、天涯博客、和讯博客、阿里巴巴博客、中金博客、博客大巴、博客园、央视博客、中华网博客、草根网、中国博客网	要讲究技巧，单纯发布商品图片和链接，搜索引擎比较难收录，建议以可读性、价值感较好的图文形式发布
微博推广	新浪微博、搜狐微博、网易微博	
社区论坛类网站	天涯社区、猫扑社区、搜狐论坛、凤凰论坛、网易论坛、新浪论坛、凯迪社区、百度贴吧、QQ 论坛、知乎、百度问答	在社区论坛发帖时，一定要发布到相关话题的板块，发帖前仔细阅读相关的发帖规则，否则，有可能被删帖、禁言、拉黑

2. 流量要提高

想要提高流量，一方面要紧贴热点话题，找准与品牌的结合点，据此推广品牌的产品、活动、价值观或文化，将热点话题的流量转移至品牌。例如，某明星出轨引发社会热议，品牌可以根据产品相关度或价值相关度选择发表看法——母婴品牌可以从孩子成长的角度发表品牌观点，家电品牌可以从家庭分工的角度谈夫妻关系，面对幼儿园虐童事件，全民义愤填膺，即使相关度不高，但品牌发出代表社会主流价值观的看法，可以与消费者产生共鸣，并增强品牌的社会美誉度。

另一方面要重视内容质量，内容要有干货、有价值、有独特创意、有记忆点，让消费者一见钟情，如图 5-5 所示。因为消费者更信赖具备专业能力、专业态度的品牌，面对琳琅满目的产品，消费者需要的是选择的方法和评价的标准。他们担心被骗，需要有人提醒；他们担心假货，需要有人借他们"火眼金睛"；他们不懂怎么搭配，需要有人引导。从消费者的角度出发制作的内容才是消费者真正需要的，也是有助于增强消费者对品牌的信任的。

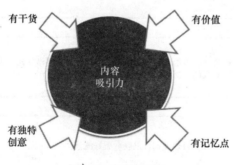

图 5-5　内容吸引力

3. 流量要精准

要选准导流关键词。

（1）关键词的搜索指数，代表市场需求；关键词相关的品牌或产品数量，显示着商家的竞争度。选关键词前要找词，可以参考搜索指数、行业热词和大数据进行选择。

（2）找出搜索人气高，竞争程度小的关键词，这样的关键词可以加入标题。

（3）灵活表现关键词。单纯某个关键词的竞争热度较高，但如果改变形式，以疑问式（××产品怎么样）、功能式（××有什么功能）组合限定式（如文玩核桃、老年手机）等形式表现关键词，就可以收获一批长尾用户。

（4）"热点词+行业关键词"。如果可以找到二者的结合点，那么可以吸引这部分关注社会热点的人群。

（5）参考竞争对手的关键词，特别是流量较好的竞争对手。

（6）关键词需要周期性优化。不同的销量等级应使用不同的关键词。刚上架，选用和自己产品属性相关的长尾词，竞争程度小的关键词；销量提高之后，可以偏向热词；最后到爆款期，选择品类热词，以获取更多流量，如图5-6所示。

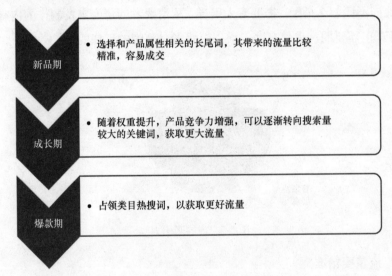

图 5-6　关键词需要周期性优化

4. 流量要变现

流量变现直接实现了传播与销售的一体化，不论早晚，流量总要以某种形式变现，否则流量就没有持续的动力和必要性。

1）流量变现的需求要巧妙对接

通过引流对我们的品牌产生关注的消费者，并不意味着都能顺利变现。有些消费者可能只是浏览，可能同时考虑了多个替代方案，也可能只是不小心点开了页面。要使流量顺利变现，需要与消费者的需求展开对话、沟通并引导。在此需要关注以下 3 个方面：

（1）消费者停留时间。内容要好玩、有价值、新鲜，让消费者的偶然点击变成特意关注。

（2）消费者互动。适度与消费者进行互动。控制弹出窗口出现的时间（不要过早干预消费者浏览）和次数（不要过于频繁）。

（3）要有说服与比较。通过不同的关键词进来的消费者可以配置不同的页面，落地页面要结合关键词展开与消费者需求的对话，引导他们的需求。如图 5-7 所示，不同关键词引流的消费者对应的落地页不同。通过店铺搜索进入的消费者往往先进入首页，随后跳转其他页面；而通过商品搜索进入的消费者，往往直接进入商品描述页。

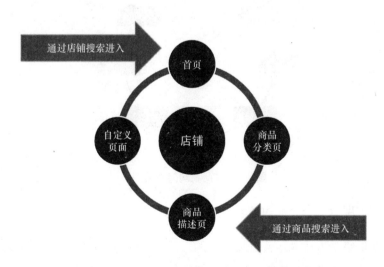

图 5-7　不同关键词引流的消费者对应的落地页

2）流量变现的形式要多样可选化

通过沟通，消费者或许产生了初步的购买意向，但也会有一些顾虑或犹豫。我们需要减轻消费者的这种选择焦虑，降低消费者初步选择的成本，为消费者提供多样化的选择，如领取优惠券、分享页面、填写信息抽奖、付邮试用、购买、成为会员等，促进不同类型的消费者尽可能地达成购买。

（二）品牌"传播+销售"一体化的加速器：数据化

传统企业进入电商，极易陷入"大而全"的运营误区，片面追求销售额而无暇顾及利润额、推广费等成本占比。

追求利润，绝对少不了玩转数据，特别是在互联网时代，更离不开大数据的精准投放和精细化销售分析。哪些数据会影响利润？流量、转化率、客单价、购买频次、毛利润、成本、利润构成了整个电商利润的数据闭环图，如图 5-8 所示。

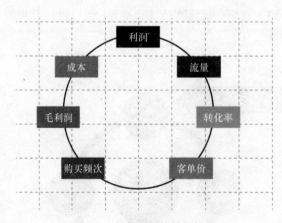

图 5-8　电商利润的数据闭环

将其扩展为一个完整的链条，如图 5-9 所示。

数据最终是为达成运营目标服务的，一个好的运营目标主要由以下几个板块的运营要素组成：战略定位、行业分析、产品定位、营销方案、爆款打造、CRM 营销，如图 5-10 所示。

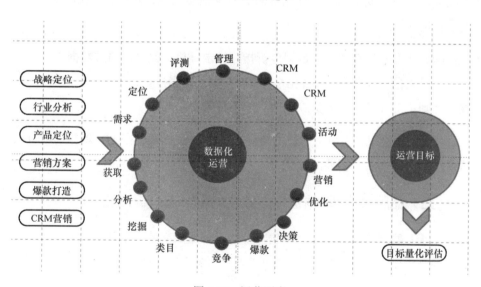

浏览量	×	转化率	×	客单价	×	购买频次	×	毛利润率	—	成本	=	利润

浏览量	转化率	客单价	购买频次	毛利润率	成本
SEM	店铺装修	产品定位	客户忠诚度	产品结构	推广成本
硬广	产品布局	相关品类扩充	提升	采购成本	运营成本
EDM	商品分类导航	关联营销	用户体验满意度		IT建维成本
SNS营销	商品展示	捆绑销售	提升		管理成本
海宝客	商品性价比	入门产品价格			人员成本
微博营销	详细页描述	商品价格分布			商品折损成本
博客营销	客服质量				退换货成本
会员营销	用户评价				物流成本
促销	售后服务质量				库存成本
口碑营销	促销活动				
积分营销	库存量				
礼品					
名人营销					
事件营销					
短信营销					
新客户开发					
公益销售					
众筹					

图 5-9　完整的链条

图 5-10　运营要素

数据化运营是有目标、有方法、有手段地以结构为导向的运营模式。数据化运营，需做好图 5-11 所示的 5 个步骤。

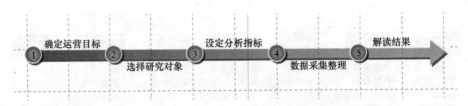

图 5-11 数据化运营的 5 个步骤

（1）确定运营目标：运营目标是数据化运营的导航。运营目标是通过数据来打造爆款，还是提升转化率，或是找出销售下降的原因并改善？目标不同，数据化运营的方法也不同。

（2）选择研究对象：当确定好目标后，就通过数据化运营来测试产品的爆款潜力，这时就需要对产品对象进行筛选。

（3）设定分析指标：如果测试的产品已选择好，接下来就是针对产品设定相关的分析指标及维度。如产品测试爆款时，一般关注产品的点击率、转化率、收藏率、DSR 评分、流量价值等指标，并从流量来源、转化、CRM 等多个维度进行指标设定。

（4）数据采集整理：当数据分析指标设定好后，就可以通过数据工具或人工方法对数据进行采集。如转化率，通过对宝贝销售排行榜内的数据进行提取。收藏率则是用宝贝的收藏量除以宝贝的访客数得出的。

（5）解读结果：当所有的数据指标提取出来后，可以采取排除法、择优法、假设法等，筛选出所需要的爆款。

（三）品牌"传播+销售"一体化的落脚点：促成交

基于互联网平台的传播和销售一体化，促进成交的重要环节一般有 3 个：运营促进成交、客服成交及"售后+老客户服务"促成交。

1. 运营促进成交

1）运营是否具有说服力

说服力体现在对消费者的关注点、兴奋点、怀疑点、矛盾点、犹豫点是否了解，并给出解决方案，进行有针对性的说服，这是成交的基础。

以单产品页面为例，我们需要针对消费者的一系列疑问给出答案——为什么要买？不买有什么损失？为什么买这个品牌？值这个价吗？为什么现在就买？如图 5-12 所示。

图 5-12　品牌说服力

2）营销工具是否充分利用

营销工具包括满减、满就送、满××包邮等。这是提升转化率和客单价的首要操作。例如，很多卖家主推款的卖价是 299 元，但是优惠券却必须满 300 元才能使用；或者主推款为羽绒服，加 10 元送 T 恤等。从套餐的附带品下手，可以根据价格的差异起到营销作用，从而提升转化率和客单价。

3）内容表现形式是否加分

互联网与线下的一个不同之处就在于间接沟通。想要让消费者在接触一系列品牌信息后就决定购买，那么内容的表现形式就承担着内容的神态、热情，因此，显得非常重要。对于喜欢通过图像、视觉做出判断的消费者来说尤其如此。

要想提升内容的表现形式，如图 5-13 所示，一方面，要调整内容的逻辑层次，使结构严谨、逻辑清晰；另一方面，要从审美角度把握内容的设计表现，符合目标消费者的爱好，在专业、简约、浪漫、冷酷、时尚、互动感等风格要素间进行调试。这里特别需要强调的是互动感，这是互联网下半场消费者更为重视的要素。随着手机与购物的深度结合，参与变得容易，参与得越深，越靠近消费者。

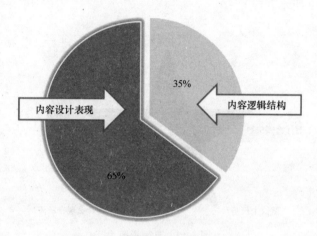

图 5-13 内容变现形式的影响因素

4）主产品相关产品推荐

主产品相关产品推荐是为了分化引流进来的流量，毕竟再好的产品也不可能做到转化率为 100%，如何将这些转化不了的流量进行再转化？其中一个方法就是为消费者提供其他选择。

2. 客服成交

客服是互联网"传播+销售"一体化中关键的人性化因素。客服需要言语有专业度、服务有温度、沟通有灵活度，尽可能让每位消费者满意、达成成交。

（1）言语有专业度是指客服需要懂品牌、懂产品、懂用户，给用户准确到位的指导。例如，电脑销售客服，如果在硬件、软件层面没有一定的知识，就很难把品牌的优势讲清楚，从而很难引导顾客做出选择。

（2）服务有温度是指要根据节令、天气、客户问题、产品使用注意事项、公司政策和社会热点对消费者表达关心，走心的客服很容易让顾客产生依赖，在同等条件下优先对品牌做出选择。

（3）沟通有灵活度是指客服可以根据公司的优惠政策、销售规范灵活调整，遇到在价格、赠品、保养等小层面存在一定个性化需求的消费者，可以请示公司做出一定的让步。

3. "售后+老客户服务"促成交

持续满意的售后与老客户服务，关乎品牌口碑传播，也关乎后续购买，因此，也是品牌传播与销售一体化的一个节点。

对此，品牌要关注以下几个方面：

（1）保质期内提供满意售后。保质期外有偿提供服务，对相应的收费合理定价。对典型的售后问题、案例整理成产品使用问答，方便用户。

（2）传播售后服务中的服务典型，使其成为品牌形象传播的一个支持层面。

（3）每笔订单满××元的送特殊优惠或代金券，增强顾客的满意度和复购率。

（4）吸引老顾客加入会员体系，并积极开展会员增值服务、活动。

（5）在节日和生日都送上对老顾客的温暖祝福，提醒顾客与品牌保持关联。

（6）鼓励老顾客带来新顾客，并制定激励政策。

（四）品牌"传播+销售"一体化的放大器：分享

其实，每次销售的过程都伴随着品牌传播，如果从每次销售中寻找品牌传播的机会，我们也会发现很多精耕细作的路径，如表5-4所示。

互联网下半场，销售直接与传播一体化的一个重要举动就是"分享"，这意味着一次销售可以传播成两次、三次……不断地分享裂变，每次销售就是传播。

表5-4 销售路径

销售路径	传播方式	传播内容
直营店、第三方货架	（1）店内外立体式、体验式、互动式、多媒体式布置传播物料。 （2）充分借助屏幕互动、二维码、机器人、AR等元素，突出线下体验优势	传播产品优势、品牌文化、品牌服务、本地化销售政策、总部政策
加盟店	（1）店内外立体式、体验式、互动式、多媒体式布置传播物料。 （2）充分借助屏幕互动、二维码、机器人、AR等元素，突出线下体验优势。 （3）需要做好总部考核、监管，确保与直营店同步	传播产品优势、品牌文化、品牌服务、本地化销售政策、个性化政策
网店	站内外引流，产品口碑传播	传播品牌口碑、文化，展现人性化服务、体现互动风格
微商	朋友圈、社群、主题活动	传播个性化互动方式、用户口碑、及时服务、特定朋友圈优惠政策、产品知识
团购、定制	通过会员组织、社区、大型单位等圈层传播	传播圈层优惠政策
B-B	展会、行业网站等	品牌历史、发展规划、行业地位、资质、政策、服务网络等

如何促进销售分享？

分享需要情感动机——顾客对产品的满意度、对服务的满意度、对售后的满意度，都会影响他们的情感体验。满意，则分享正面信息；不满意，则传播负面信息；平平淡淡，可能就没有分享。好的分享要鼓励扩大，坏的分享要从源头遏制，没有分享的，则要提高满意度。互联网下半场，分享无可避免，我们必须关注，进而引导走向。

分享需要利益动机——互联网流行的好评返现、免费使用让很多虚假分享充斥网络，但也从侧面证实利益会驱动分享。有好处，负面感受变正面感受，懒于分享变成积极分享，所以我们不得不在每次流程中自问"是否有促使消费者分享的动机"，给他们礼品、代金券、返现等好处。

分享需要简化流程——简化分享流程是因为每个人都有惰性。同等的产品、同等的利益，如果一个品牌的分享只需要一个步骤，而另一个品牌需要多个步骤，那么消费者很可能分享前一个，只因为简单。可以在不同的活动中设置不同的分享要求，通过多次活动逐渐完成对顾客不同社交圈的覆盖。例如，微信朋友圈、微信群、QQ 群、微博、淘宝好评等完全可以每次分享一种，而不是每次都分享多个，让顾客觉得烦琐。

分享需要借助圈层——不论线上还是线下，当同类人群聚集在一起讨论同一件事或产品时，其影响力会加倍。当我们举办品牌活动、专题讲座、直播互动时，可以把同类顾客聚集起来，引导他们正面发声，让他们公开分享，进而影响同类人群。

分享需要借助平台——互联网下半场依然是平台主导。品牌的分享更离不开平台，购物平台、问答平台、校友平台、论坛平台等，都可能成为分享的平台，也是我们需要制造分享氛围的平台。品牌方可以潜伏进这些平台，引导一些有关产品的分享或话题讨论；也可以通过利益引导，让老顾客发布一些有关品牌的分享；还可以公开与这些平台合作，开展品牌活动或赞助圈层活动。这是一种主动推进分享的行为。

三、从一次销售延伸一个品牌链

销售与品牌扩张是同步的，每次销售都蕴含着粉丝积累、品牌传播的机会，每次积累都为产品增量、产品线扩张蓄势。

如图 5-14 所示，从一次销售可以延伸到一个品牌链。重要的是，这种良性的循环每层都有激励分享的利益要素；有选择品牌的支持要素；并且品牌可以与用户良性互动，挖掘潜在关联需求，围绕客户新需求扩展产业链。

（一）从一个粉丝到粉丝群体

按照口碑营销的逻辑，品牌的每次销售都会积累一个初始粉丝，每个粉丝都有大小不等的朋友群，朋友群通过查询品牌信息增强购买信心，若干个朋友群可以汇聚成品牌粉丝群体,这是粉丝积累的传播线路。在粉丝积累的过程中,关键要做好以下 3 个层面。

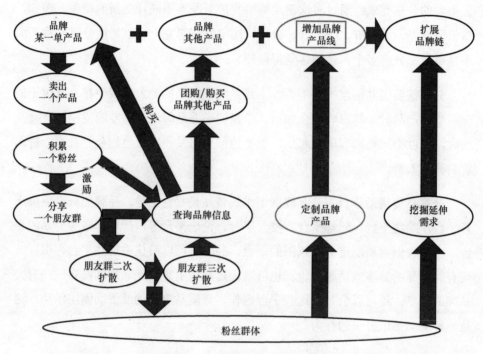

图 5-14　一次销售延伸一个品牌链

1. 激励分享的利益要素

使初始用户获得满意的销售体验,让用户自发对外传播;给予用户老带新相关的激励,使用户有对外扩散的积极性。

2. 选择品牌的支持要素

塑造足够打动用户的品牌形象,给予用户购买的理由。一旦用户主动关注,品牌能够让用户产生好感和尝试欲望,并增强购买冲动。

3. 挖掘潜在关联需求

与用户保持沟通,获得用户的使用体验,了解用户的关联需求。对本品牌可以满足的关联需求考虑产品推荐、联动对策；对不能满足的、普遍的关联需求做出分析汇总，为产品线拓展提供思路。

（二）粉丝积累带动现有产品销售

大量的粉丝积累就会带动品牌现有产品销售，他们通过团购或定制可以对品牌提出新的产品需求，这是粉丝积累带来的产品销售线路。

1. 激励分享的利益要素

经营粉丝群，培养粉丝文化，传递产品知识与品牌生活方式的乐趣，建立粉丝持续购买、大量购买、团购的激励机制，保持粉丝群内部的活跃与良性的对外传播。

2. 选择品牌的支持要素

持续保持品牌良好的形象，扩大品牌影响力，通过公关、公益等社会责任行为增强品牌美誉度，保持用户对品牌的忠诚度，并且随市场变化升级品牌、调试品牌，保持品牌始终鲜活、充满生机。

3. 挖掘潜在关联需求

当粉丝群体积累到一定量，可以通过粉丝群体进行市场调研，了解潜在需求；也可以发动粉丝与品牌互动，参与品牌设计、研发环节，为潜在产品投票；或者建立用户定制机制，为用户提供定制通道，某些反馈较好的定制元素可以为品牌延伸产品线提供思路。

（三）挖掘粉丝相关需求，扩展品牌链

对已有粉丝相关需求的进一步挖掘可以研发新产品、增加产品线、扩展品牌链。这是粉丝需求带来的品牌链扩展线路。

1. 激励分享的利益要素

提供品牌链上多个产品的关联体验、关联销售，激励粉丝群体积极参与、

尝试品牌新的产品线，并及时向外扩散新的产品线。

2. 选择品牌的支持要素

新的产品线要与现有用户的关联需求相结合，与原有产品线保持一定的关联，便于将品牌在原有产品线上的影响力、美誉度和信任感转移到新的产品线。品牌在研发、推广新产品时，要将这种以客户需求为中心的品牌链拓展思路传递出去。

3. 挖掘潜在关联需求

用户的潜在需求挖掘一定是市场现有产品不能满足的，与品牌现有产品互补的，是对现有品类划分方式进行重新划分、细分的，是品牌通过努力可以提供的。有些需求并非客户明确感知的，需要通过大数据分析、用户座谈会、用户体验观察等形式进行深挖。当有了新的产品线思路时，品牌可以借助互联网进行核心粉丝模拟测试，避免进行封闭式研发。

第六章

品牌生态再造——从品牌到品牌链，品牌能量超乎你的想象

从品牌资源整合角度来说，当一个成熟品牌的影响力推广、扩展至上下游或相关产业链时，品牌链的效力便显现出来。特别是当企业拥有一个强大的品牌，其强大的市场价值可以轻松整合上游原料、上游配件，外包贴牌生产，融合外部资金，打通下游渠道，让整个社会资源为品牌服务，成为品牌的生产车间和后勤部门，把整个产业链利润平平的产品组合成强大的高附加值品牌。

互联网"下半场"，品牌虽不是新鲜事物，却面临新的挑战。一方面，品牌面临着互联网再造；另一方面，互联网时代争抢入口和万物互联的特点更容易造就跨界融合、赢家产业链通吃的现象，使传统品牌面临新的挑战。

当一个品牌经历了再造与传播打造，具备了一定的市场影响力之后，下一步，就可以考虑把品牌延伸到产业链上下游，形成品牌链。品牌链是品牌在产业链价值中的表现，它意味着要将品牌打造成一条锁链。

从品牌资源整合角度来说，当一个成熟品牌的影响力推广、扩展至上下游或相关产业链时，品牌链的效力便显现出来。特别是当企业方拥有一个强大的品牌，其强大的市场价值可以轻松整合上游原料、上游配件，外包贴牌生产，融合外部资金，打通下游渠道，让整个社会资源为品牌服务，成为品牌的生产车间和后勤部门，把整个产业链利润平平的产品组合成为强大的高附加值品牌，如图 6-1 所示。

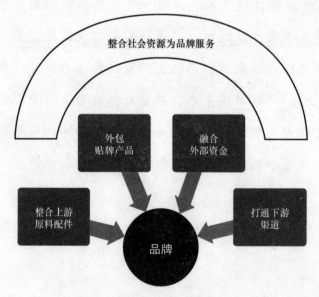

图 6-1　整合社会资源为品牌服务

这种整合既不是传统意义上的产业链延伸，也不是品牌利用自身资源的对外投资延伸，而是品牌利用其影响力整合外部资源并化为己用，形成企业内外资源的协同，建立以品牌为核心的社会生态圈（或者融入生态圈），使整个品牌轻型化，更加集中于附加值较高的品牌部分。

从品牌战略来说，当品牌成为一条锁链时，就可以链接品牌旗下的子品牌、子产业资源。品牌链中的各个子品牌、产品线，可以快速借势品牌的影响力进行背书，快速打开市场。例如，阿里系就是一条品牌链，它串起了阿里旗下的淘宝、支付宝、蚂蚁金服，同时，当阿里进军新零售时，它也提供了超出新生品牌 n 倍的市场启动能量。

一、意图：借助品牌链，撬动产业链

当品牌链沿着产业链布局，品牌影响力便可撬动产业链资源，便于降低成本、内部策略组合、发挥品牌效应并整合客户，为品牌估值提供更多的想象空间。

1. 关于降低成本

控制产业链，可以降低采购和生产成本。COSTCO（好市多）的老店同比每年上涨 5%～7%，凭什么？其中一个原因就是它掌握了供应链，因为它有自"有品牌+独家供应+大包装定制"，所以性价比高。

阿尔迪，这家打败沃尔玛的折扣店，价格比沃尔玛还便宜 20%，是因为在供应链上下了功夫。

2. 关于策略组合

如果品牌控制了产业链，那么，同一品牌、同一产业链、同一客户流就可以采取"免费+收费"组合策略。上游采取免费策略收集和培养客户，下游对已经依赖品牌的客户进行变现；或者品牌可以通过控制同一产业链的某个利益相关方，间接控制客户的客户，增强品牌的控制力。

在阿里创业之初，马云就曾富有远见地将 alimama.com、alibaby.com 域名注册下来，他认为，阿里爸爸、阿里妈妈和阿里贝贝本来就是一家。可见，马云在早期就有品牌产业链化布局的思维。

当马云在 2004 年决定进军 C2C 市场时，他再次展开了产业链布局的大思维，判断阿里巴巴如果不从 B2B 介入 C2C，乃至 B2C，有可能会被从这些领域发展起来的对手抄掉后路。在今天看来，马云深刻地洞察了互联网时代生态化的网络平台将发挥更大合力的商业形态，也确实将阿里巴巴组合成了综合性的电子商务生态圈。

3．关于品牌效应

如果品牌在行业内拥有较高的品牌知名度，那么原有的品牌在延伸产业链时会有非常明显的品牌效应。特别是当新进入的延伸市场与原市场有一定关联但并不成熟时，原有品牌的品牌效应可以快速建立市场信心。平安集团的"陆金所"从打造之初就强调其归属于平安品牌旗下，意图借助平安集团的品牌影响力帮助新品牌开拓市场，并依托平安集团的强力后盾和风险管控能力，让客户对陆金所的安全、服务等更有信心。这一策略显然生效了，让其在众多新秀品牌中直接显示出的品牌实力快速吸引了较大的基础用户。

4．关于整合客户

当一个品牌可以整合相关的产业链，或者围绕同一类客户整合跨界产业链时，品牌就可以从"卖产品"转变为"提供整套服务方案"了。以手机为例，用户购买手机并不仅仅满足于通话，还需要各种软件服务，作为手机品牌厂商，发挥品牌优势，收购、研发或联合开发相关的软件功能，可以更好地满足顾客的整体需求。例如，苹果公司从制造硬件延伸到搭建软件开发平台，其延伸的软件开发平台反过来又成为品牌的优势。

（一）品牌产业链模式

当品牌的影响力足够大时，就不必局限于一款产品或一个企业，它可以通过行业资源整合，将影响力扩展到整个产业链，形成品牌产业链模式。

品牌产业链模式是以品牌为整合旗帜，以资本、管理或技术为纽带，撬动整个行业资源，整合传统的上游原材料供应、中游生产加工、下游的市场营销全部为企业所用，降低采购和生产成本，并将利润较低的环节分给行业相关合作者，而以品牌名义控制利润较高的环节。

根据产业附加价值的微笑曲线，品牌和营销控制微笑曲线的右边，依靠对用户和市场的控制而获得高额利润，并能反向控制产业链上游和中游。例如，金龙鱼、耐克、苹果和雀巢等都是依托一个强大的终端品牌，实现对产业链上游环节的控制。

品牌产业链模式呈现两种形式，一种是以企业品牌或产品品牌为驱动，自建全产业链模式，全面控制产业上、中、下游，如中粮的"从田间到餐桌"模式；另一种品牌产业链模式并非每个环节都完全自己做，而是发挥众筹、共享精神，以品牌为旗帜，整合、控制产业链的资源为企业所用，如耐克、苹果。在互联网"下半场"，这种整合模式更聚焦于品牌自有的附加值，具备快速拓展市场的能力。

1．巧借产业链营销思维

当品牌不具备全面自建产业链的实力时，就必须具备品牌产业链营销思维，从产业链整体的高度看待所在行业，以品牌自身特色融入整个产业链，调动行业资源为品牌所用，进而控制资源。

如果想以一个单一品牌调动整个产业链资源，那么品牌必须做出专业、特色，以及对某一市场环节的影响力，成为产业链的重要一环，对上游原材料形成市场控制，对下游销售形成品牌优势，这样才能调动产业链资源为品牌服务。

耐克是品牌产业链营销思维的典型，其年销售额高达 20 亿美元。自己不用采购原材料、不用生产，只专注品牌、设计及营销，却牢牢把握了控制行业资源的市场和品牌，获取了整个产业链利润中最丰厚的一块。

2. 产业链营销的优势

从实际应用上看，品牌全产业链模式把企业局部实力与行业整体资源进行充分结合，有利于控制产品品质、降低采购成本和中间环节交易成本，获取行业捆绑营销资源与高额垄断利润。

从产品品质的角度来说，品牌全产业链模式因为可以与产业链的其他环节形成深度合作或控制，所以对产品品质提出更多的控制要求，使产品品质达到品牌要求，这符合消费者追求品牌消费和品质消费的潮流。

从降低成本的角度来说，品牌全产业链模式具有强大的市场控制力和话语权，因此可以降低采购成本和中间环节交易成本。

从获取行业捆绑营销资源的角度来说，品牌全产业链模式可以以品牌为龙头，与产业链的各个环节建立深度利益联盟，共享同一客户资源、营销资源。例如，京东与腾讯之间就共享客户入口资源，而光伏产业的龙头企业则共享营销资源。

从高额垄断利润的角度来说，品牌全产业链模式让企业集中发展附加值最高的品牌环节，并且把品牌的影响力由市场转向整个产业链，压低成本、提高品牌收益，特别是控制产业链带来的垄断收益。

（二）品牌撬动产业链

品牌是给拥有者带来溢价、产生增值的一种无形资产，它的载体是用以和其他竞争者的产品或劳务相区分的名称、术语、象征、记号或者设计及其组合，其获得高额附加值的源泉来自消费者心智中形成的选择偏好和价值偏好。

品牌能够撬动产业链，前提是品牌要足够强大，控制市场的某个环节。当然，强大的品牌不是凭空而来的，其表现在营销环节上则是重视品牌建设、有高度的市场认知和忠诚度；表现在企业经营环节上则是有远见的发展战略、健康的资本、核心竞争力和人才团队等的支撑。以三星电子为例，它能够掌控手机产业链，是因为其目前掌握着近四成智能手机关键零部件的生产及定价权，包括手机芯片、内存、闪存、屏幕甚至手机外壳。即使强大的竞争对手苹果公司，也曾是三星的重要客户，绝大多数手机厂商都摆脱不了三星。

当品牌足够强大时，以其为杠杆撬动产业链，就可以依托品牌强大的整合能力，把所有被整合的资源统一在品牌旗帜下，这是单纯地依靠资本、技术、原材料、人脉或信息撬动产业链难以比拟的。在品牌旗帜下，所有被整合的资源统一以品牌标准、品牌文化、品牌形象展示出来，并打上了品牌的烙印。例如，小米、苹果的手机，其所用配件也会被其他品牌所使用，但那些采用同样配置的手机却不能获得如小米、苹果手机那样的市场认可度，那是因为它们缺乏品牌所带来的品质保障和优越感。

许多企业都想通过产业并购建立自身的产业链，但往往会遇到内部资源一盘散沙的问题，其中一个原因就是它们缺乏一个具备产业链影响能力的强大品牌，多个竞争力不相上下的自有品牌很容易产生内耗，内部资源不能真正地整合，而品牌自有的文化凝聚力和市场号召力可以团结产业链资源，逐步从深处整合资源。

在经济全球化的今天，产品的竞争依赖于品牌的竞争，而品牌的竞争归根结底还是产业链的竞争，没有强有力的产业链作为后盾，产品和品牌本身也是不可能存在的。

移动互联网颠覆了传统的价值链模型，在共享经济和互联网精神的推动下，企业有更多机会大量整合外部资源。企业应该把品牌价值链融进更广阔的产业链，把价值链的低价值部分外包出去，如传统的人力资源、研发、生产、销售、售后等，从而把精力集中于附加值更高的品牌部分。

（三）成为产业链的一环

对众多小品牌来说，做平台或产业链整合的难度太大，比较可行的办法是成为产业链的一环，加入巨头生态，这样将会大大增加品牌的合作空间和成长机会。

小品牌想要成为产业链的一环，必须增强自身专业度，成为某一方面不可替代或有自身特色的专家。例如，APP 市场里的各种小应用，就属于 APP 产业链的一环，它们丰富了 APP 市场，而对于新的 APP 创业者来说，就必须开发新的应用场景，尽量补足产业链的缺口，避免重复开发而成为产业链竞争的牺牲者。再如，一款新研发的老年桌面应用，因为可以作为老年互联网产业链的入口，巧妙地填补了市场空白，最后被小米收购，成为小米产业版图的一员。

支付宝只提供在线支付服务，却是网络交易产业链中举足轻重的企业，只因为它解决了网络购物中非常关键的支付安全和程序问题，成为产业链连接的基础工程是支付宝所采取的产业链嵌入模式。

产业链可大可小，小的产业链如大米产业链，扩展开是粮食产业链，再扩展开可以上升为国家农业战略。又如光伏产业链，扩展开可以上升为国家能源战略。产业链的长度和上升级别不同，整合的资源也不同。

对于品牌产业链来说，建议可以先从一个短的产业链开始，逐步上升，进入大的产业链，扩大品牌资源的整合能力。

（四）颠覆、重构产业链

传统产业链以生产工序为连接点，自然地分为上、中、下游，各自承担不同的产品生产环节，聚合成不同的产业带。大量企业不直接面对终端，受制于上游，或被下游拖累，如图 6-2 所示。

互联网打破了传统的行业界限，重构了很多传统产业的架构，最终走向一个更高水平的联合，即商业生态系统。商业生态系统可以横跨好几个行业，使不同的企业走到一起，从而增加商业生态系统各自的市场机会。

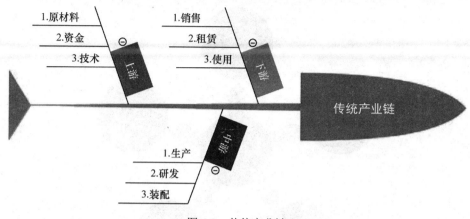

图 6-2　传统产业链

电商重构了传统的销售，把面对面的买卖关系轻型化，超越了时空限制，解放了重型资产。社交网络重构了熟人与交易，把人和人、人和企业、人和兴趣、人和产品等连接并媒体化、商业化。例如，优步、滴滴快车、共享单车重构了交通行业，把交通工具和乘客连接并产品化。

这种重构，依托于互联网技术，却决胜于品牌的整体竞争力。当某一强势品牌进入陌生领域，品牌发挥着强大的凝聚力和市场整合力。例如，平安进入金融领域、淘宝进入线下零售、腾讯进军医院。当某几家新品牌同时运作某一新兴事物时，品牌整体运作能力强、市场知名度高、美誉度高的品牌更容易获得资源支持和市场认可。例如，共享单车中的 ofo 和小黄人合作，小黄人的认知度和美誉度就帮助 ofo 获得了比其他新生品牌更好的竞争优势。

品牌对产业链的整合，一种是通过品牌聚合的用户来直接导向订单式的产业链，如图 6-3 所示；另一种是通过品牌的号召力整合资源，构建品牌驱动式的产业链，如图 6-4 所示。

另外，颠覆、重构产业链需要思考的关键问题是依靠什么来支撑颠覆。目前已经呈现的支撑点有：技术平台，如支付宝；新产品，如苹果的触摸屏；数字化，如腾讯对医疗行业的颠覆、淘宝对智能养老产业的颠覆。

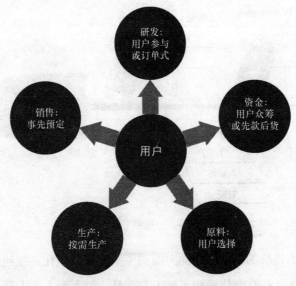

图 6-3 用户导向的订单式产业链

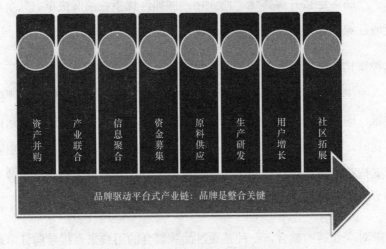

图 6-4 品牌驱动平台式产业链

二、思维：品牌整合产业链资源的逻辑

品牌整合产业链的协同能力是品牌竞争力的来源之一。

任何企业都处在产业链的某一环节上，为了提高产品及品牌的竞争力，处在产业链不同环节的品牌会努力进行产业链整合，向上延伸至原材料供货链，向下延伸至终端产品，目的是为了在该产业内获取高额利润。

整合什么？

缺的就是需要去整合的！

内外资源都要整合：建立一个互补企业、协作企业、联盟企业在内的产业平台；建立一个吸引政府、专家、银行、投资机构、舆论媒体参加的更大的平台。

价值链整合，一是提升整个价值链创造价值的能力；二是提升自己在价值链中的战略地位。

（一）品牌进行产业链整合的次序

产业链整合的次序一般是：横向一体化→纵向一体化→相关多元化→无关多元化。产业链扩张整合的方向因产业而异，根据产业的不同，可能存在跳跃或错序等状态。

1. 基于横向一体化产业链的品牌整合

横向一体化产业链的品牌整合，其扩张方式指企业聚焦于产业链的某一环节，同时在产业链的该环节存在着规模扩张的空间。

借助品牌实现产业链的整合，不同于不同企业间的品牌联合，也不必全部借助企业自身的产业链资源，它相当于一种轻型整合，可与外部组织合作，或参股、或合作，对内在联合体间形成资源共享，对外树立统一的品牌形象，实现品牌效应的放大。

2. 基于纵向一体化产业链的品牌整合

品牌纵向一体化的产业链整合的特点是该产业链环节的资产专用性强，产品的直接目标市场容量不大，但该产业上、下游产业间关联性大，可以互相牵制，因此向最终产品的市场的纵向整合，并且最终产品的市场容量大，品牌沿着产业链纵向延伸有利可图。

在这样的产业环境下，品牌凭借专有资源可以成为整合产业链的旗帜，进而整合企业内外的资源，即使并非自有资源，也可以通过合作、联合等形式，使外部资源成为品牌的信息部、采购部、推广部、人力资源部、销售部等，从而大大减少企业自有资源的成本投入。

3. 基于相关多元化产业链的品牌整合

相关多元化产业链扩张的特征是该产业链环节的产品范围经济效益明显，存在协同效应，品牌优势可以互相借势，如支付宝的支付功能与淘宝协同性高、京东与物流协同性高。

4. 基于无关多元化产业链的品牌整合

无关多元化产业链的品牌整合的特征是原有产业的市场容量饱和，且大体处于产业成熟后期或衰退期，逼迫企业转型或另寻出路；而意图扩张的另一产业虽刚刚兴起，但发展空间大，两个产业间虽然不存在直接相关，但也不存在排斥（如啤酒产业进入鞋类产业）。

（二）形成品牌生态链

随着企业整合产业链的进程不断走向深入，品牌整合资源的能力越来越强，少数企业会以自身品牌为基点向外辐射，影响越来越多的相关企业，并逐渐形成一个生态圈，或者成为一个生态圈中不可或缺的角色。例如，围绕淘宝所形成的商家、消费者、培训、广告、物流、金融、推广等生态圈。

乐视的生态系统就是由垂直整合的闭环生态链和横向扩展的开放生态圈共同构成的完整生态系统。乐视通过"平台+内容+应用+终端"垂直整合闭环生态链，横向扩展的开放生态圈则指纵向的闭环生态链的每个环节通过生态开放，引入能够与生态圈相关的外部资源。

形成品牌生态链可以实现资源共享，让各个生态环节密切配合、协同作战，让生态圈中的品牌共同受益。当然，生态圈中最受益的是生态圈的组建者，其余企业的受益程度取决于品牌影响力的大小。以光伏产业为例，第一梯队的一百强企业归属于中国长江经济带可再生能源装备制造业产业联盟下，并共享客户、宣传资源，其中任何一家组织的行业活动、开拓的客户资源都可能与生态圈中的其他企业匹配共享，这其中最为受益的就是行业龙头企业。例如，隆基股份，因为它的行业品牌影响力和生态圈的级别、影响力紧密关联，可以较多地分享生态圈中共享的资源。

三、行动：品牌向产业链延伸的方向

从谷歌到腾讯，从淘宝到百度，可以看出，这是一个进行跨产业链布局的时代，这是一个全产业链的时代，几乎所有巨头都在觊觎其他企业的领地。

"赢家通吃"是互联网时代特有的垄断形式。互联网的垄断市场上充斥着"强者更强，弱者更弱""赢家通吃，输家出局"等各种垄断行为，如捆绑搭售、霸王条款、限定游戏规则、歧视性垄断等滥用市场支配地位的行为。

移动互联网更让各种共享经济深度连接起来。例如，物联网智能家居让家电生产方、软件平台方、硬件方、社会化媒体等共同开发客户、分享合作红利。再如，微信整合了社交、微营销、广告、媒体、打车、卡券等功能。在这个时代，互联网推进了人与信息、人与物、人与人、人与平台的整体互联，促进了产业链的融合。

从企业战略层面出发，行业相关、配套相近的产业链，品牌效应更容易从A产品延伸到B产品。

品牌在进行品牌链家族扩张时，要确保品牌成员间的关联、互补与优化组合，使整个家族的整体效用最大化。

（一）品牌进行产业链延伸的类型

当公司进行产业链延伸时，其品牌战略有3种选择。

（1）为新领域、新产品单独开发一个新品牌。

（2）以某种方式使用现有的某个品牌。例如，"一牌多品"模式，企业出于构筑产业链条的考虑，进入上、下游的关联业务领域，实现产业一体化，但继续使用原品牌，这时，品牌将成为产业一体化品牌。

（3）将新品牌与一个现有品牌结合使用。例如，主、副品牌模式。主、副品牌模式特别适合传统品牌进行再造升级，可以在原有品牌基础上，通过副品牌再造，实现继承创新。

品牌延伸根据对应的产品不同，可分为两大类。

1. 产品线延伸

产品线延伸是指将母品牌应用于新产品，针对母品牌所在品类的新的产品细分市场。例如，从小米手机到小米电视，再到小米盒子，就是围绕生活电子产品进行延伸的。

2. 品类延伸

品类延伸是指将母品牌应用于另一个不同的品类。例如，从娃哈哈果奶到娃哈哈纯净水，就是品类的延伸。

品类延伸可以从这几个方向考虑：①推出同种产品的不同形式；②推出品牌的关联产品；③推出与品牌消费者授权相关的产品（如平安银行）；④推出凸显公司专业水平的产品（如佳能复印机）。

（二）谨慎进行品牌链延伸

品牌链是由一个品牌驱动一个产业链，但显然品牌的驱动能力是有限的，进行品牌链延伸必须有所限制。

1. 品牌产业链延伸的出发点

（1）产业协同：品牌覆盖的产业链内部能够协同一致，要能彼此合作而非相互竞争。

（2）品牌保护：品牌链新的延伸基于竞争考虑，能够获取竞争优势。

（3）降低成本：品牌链新的延伸有助于降低原材料的采购成本。

（4）控制原料：品牌链新的延伸有助于控制特殊的行业原材料。

（5）掌握渠道：品牌链新的延伸有助于控制终端市场。例如，顺丰嘿客扩展到快递业的最后一千米。

（6）品牌应用：品牌链新的延伸有助于将产品应用于新的相关场景。例如，支付宝、微信应用于线下实体付费。

2. 品牌产业链延伸的禁忌

（1）避免过度追求延伸数量，忽视延伸质量。要控制核心竞争力，确保品牌的强势地位。

（2）避免品牌延伸速度过快，资源分散。品牌延伸要稳扎稳打、步步为营。

（3）避免严重脱离主营业务，特别是已经建立市场地位的主营业务。比较好的选择是将品牌延伸至主营业务的生态链环节或关联业务（同品类或互补性），如淘宝从线上延伸至线下的新零售。

（4）不要进行掠夺性品牌开发。品牌延伸应当有所不为，毫无边界的品牌延伸会稀释品牌资源，导致品牌定位不清、个性模糊。

（5）品牌在产业链内延伸的各个部分应保持高、中、低端的一致性，避免不同档次的产品线相互之间产生负面影响。

（6）要避免产业链的反向控制和排斥。一旦品牌在产业链内形成不得人心的垄断或强势控制，就可能面临其他合作方的联合抵制。例如，三星在手机行业的强势控制，就使其一度被视为"行业公敌"。

（7）对于任何品牌来说，要想实现成功的品牌延伸，就必须找到延伸的共同点和差异点。共同点是品牌延伸的连接点，差异点是品牌内部各产品线形成互补的优势组合。另外，延伸产品与母品牌的差异越大，定位时越要优先考虑两者间的共同点，这样有利于品牌对外形成合力，也利于把母品牌的资源背书到延伸产品上。例如，当小米推出小米盒子、小米电视时，也继续延伸了小米高性价比的优点。

（三）融入品牌全球产业链

互联网"下半场"，品牌已进入全球化布局和全球化竞争之中。从物质形态看，全球化是指货物与资本跨越国境、进入局部国际化，进而实现全球化。从品牌形态来看，全球化是指任何一个产业链、任何一个品牌，都面临着全球竞争和全球选择。

品牌必须布局全球产业链，或者融入全球产业链，才能进入全球品牌阵列、提升品牌高度、扩展品牌视野、获取全球产业资源。

品牌要布局全球产业链，企业在实施品牌管理的方式上必须进行转变，焦点要从本土市场转向全球市场，进行"全球化思考，本土化运作"。

品牌是企业竞争力和可持续发展能力的重要基础和保障。产业链顶端以品牌管理为基础的高级商业模式可以让企业在竞争中赢得顾客的认同，进而成为顾客的首选，成就强势品牌。品牌要在全球产业链上获取高价值，必须在产业链格局上积极开拓行业全球产业链的高附加值环节，从"中国低端"走向"中国高端"，除核心技术外，还要打造高附加值品牌，并以此调动全球产业资源。

1. 品牌进入全球市场的方法

可以通过下列 3 种方法将品牌扩展进全球市场：

（1）品牌生产延伸。收购新市场的现有品牌，纳入品牌体系，或以自有品牌的主副品牌形式开拓全球市场。

（2）品牌终端延伸。将公司现有品牌产品出口到新的全球市场。

（3）品牌产业联盟。例如，通过合资公司、合伙公司或特许经营协议与境外公司合作。

如何判断公司应采用哪种方式进入全球市场，有3个关键指标：品牌扩张速度、品牌控制力和品牌投资能力。不同战略在这3个标准间各有利弊。品牌生产延伸通常成本较高，品牌整合难度大、难以控制。品牌终端延伸的主要问题是扩张速度与品牌控制能力的平衡，另外，还必须有相当的财务资源和营销经验。品牌产业联盟的控制力更弱，但易于尽快借助全球行业资源进行扩展。

2．平衡全球化与本土化

创建全球品牌不只是为了将产品卖向国际市场，企业要打造品牌的全球影响力，更需要平衡本土化特色与全球化的拓展。单纯的全球化可能水土不服，单纯的本土化又会导致品牌全球化进程缓慢。

全球营销环境存在的异同点表明，在营销方案中需要综合考虑本土化因素和全球化因素。当然，其中的挑战是在本土化和全球化间取得恰当的平衡，也就是决定哪些因素需要标准化，哪些因素需要定制化或调整。

更倾向于标准化营销的主要因素包括共同的客户需求、全球的客户和渠道、有利的贸易政策和共同规定、兼容的技术标准、可转移的营销技术。

里森贝克和弗里林提出了一种混合型策略：对品牌的"核心元素"（如那些支持核心竞争力的元素）进行标准化，且用于全球市场，而允许对"次要层面"进行本土适应性调整。根据他们的方法，品牌、定位和产品的形式更适宜标准化；广告、价格次之；分销渠道则更倾向于本土化。

3．全球营销的组织设计

开展全球市场营销的关键是为全球品牌管理选择合适的组织机构。一般而言，全球营销的组织设计主要有以下3种方法：

（1）由母国公司或总部实行集权式管理。

（2）由海外的当地机构进行分权式决策。

（3）中央集权化和区域授权相结合。

四、诀窍：成功品牌链的 3 个关键点

（一）以粉丝为核心

从单一品牌对应单一产品，到单一品牌对应多个产品，再到单一品牌对应多个品类，品牌延伸为"品牌链"，其扩张的逻辑核心是什么？

回顾品牌的定义，我们再次明确"品牌是在消费者心中打下的烙印"。可以肯定，目标消费者，也就是粉丝，才是品牌扩张成为"品牌链"的逻辑核心。

当小米以"米粉"为核心，将品牌相应的产品线扩张到电视机、空气净化器、小米盒子、手环等产品时，粉丝并没有觉得突兀，反而热情拥护。究其原因，就是小米注重用户参与、尊重用户情感，以完善用户的科技体验为宣传导向。

阿里巴巴从一个品牌迈向一个品牌链，也就是品牌的产业链化，如何拓展？马云的经验是围绕客户。

客户的需求到哪里，产业链就服务到哪里。阿里的主要客户定位是"中小企业"，围绕客户融资难的问题，阿里和银行合作开展贷款试点，进而收购一达通，也在于为小企业办理通关服务，同时，也获得大量真实的交易数据，相应地，又有利于阿里金融挑选合适的小额贷款企业。可见，围绕核心客户做品牌链延伸，能够很快促进品牌内部资源的良性融合。

品牌延伸要追求品牌核心客户的价值最大化，即围绕着品牌核心客户的消费需求或习惯，将品牌从产业链的一个品类延伸至多个品类，从而实现单个客户的价值最大化。这类的品牌延伸并不罕见却容易被人们忽视，例如，51Job

公司从招聘到培训，到最近开始的办公用品和耗材生意，还有目前正盛行的零售店自有品牌现象，都是这一策略的体现。

（二）以情怀为连接点

当 80 多岁的褚时健再次出现在公众视野时，他曾经的经历和褚橙毫无关联。60 多岁时，他坐拥年创利税近 200 亿元的红塔帝国，说话如"圣旨"，被尊称为"老爷子"，后来因贪污罪被判无期徒刑。

是什么串起了"褚时健"和褚橙这个品牌？是"人生总有起落，精神终可传承！"很自然，褚橙延续了褚时健的品牌精神。因此，褚橙一面市就深孚众望，再配合有情怀的互联网营销，让 84 岁的褚时健再次成为拥有 35 万株冰糖橙的亿万富翁。

这就是情怀的力量！

情怀是一味良药，它直通人心。品牌与目标消费者间同样的情怀可以架起二者沟通的桥梁。品牌主打产品与延伸产品间同样的情怀可以缩短两者之间延伸的距离感。当一个品牌从 A 领域延伸到差异性比较大的 B 领域时，如果能给出一种消费者可以理解的情感理由，如应客户需求，或方便顾客，提供整套解决方案等，消费者将会更容易敞开接纳的怀抱。

（三）以同类项延伸为半径

品牌链可以无限延伸吗？或者说一个品牌可以延伸到多少个产品线或品类呢？首先，品牌链不能无限延伸。当制造汽车的品牌推出婴儿奶粉时，人们会觉得"味道怪怪的"。通常，品牌都有自己的品牌定位或核心价值，围绕品牌定位或核心价值进行适度扩展，比较容易获得粉丝的认可。

1. 同类用户

当婴童奶粉品牌喜宝推出米粉、婴儿护肤品时，是围绕同类用户的扩展，不断挖掘目标粉丝的消费潜力的。同理，当一个专做老年服装的品牌改做童装，消费者一时难以接受，此时，明智的做法是开发新品牌。

2. 同类产品

舒肤佳从香皂到沐浴露，再到洗手液，联想从电脑到打印机，再到扫描仪，都属于这一类。

同类延伸有无边界呢？我们建议同类延伸要以质量为核心，掌握一定的速度和数量。从凡客衬衣到凡客鞋服的全面展开，有人认为，过度的品类延伸伤害了凡客本来的品牌内核。在笔者看来，凡客品牌的品类延伸符合同类产品的延伸规律，只是过于快速的品类延伸和松懈的品质控制伤害了凡客的品牌，才会让凡客在粉丝的眼中陨落。

3. 同类平台

从京东商城、京东全球购到京东物流，再到京东众筹，基本都围绕互联网电商平台展开，且产品层次均保持原有的品质，平台和品牌共同整合延伸多个品类，顾客不觉得杂乱，反而获得了更丰富的体验。

因为意识到搜索引擎技术对互联网公司发展的重要性，阿里巴巴做出了并购雅虎中国的决定；为了阻击 eBay，阿里巴巴推出了淘宝；为了完善生态链，阿里巴巴推出了菜鸟网络。核心客户平台不变，阿里巴巴延伸了围绕客户的服务长度和宽度，完善了自己的电商生态系统，也因此留住了客户、拓展了客户。

4. 同类场景

从淘宝商城到淘咖啡，再到淘宝无人超市，从线上到线下，运作模式虽然不同，但其中领先的科技元素、时尚节奏、支付体验等购物场景却有相通之处。因为相通，所以用户关联性强且不排斥，品牌原有的资源可以顺利过渡。

总之，品牌延伸不仅要追求品牌核心资产的价值最大化，也要把握市场对品牌延伸的接受能力，将品牌延伸到其核心资产同样具有相似价值的其他品类，取得品牌价值最大化与延伸规律间的平衡。

第七章

品牌运营再造——从利润到资产，
你的粉丝潜力无穷

　　品牌是一种战略资产，它是企业未来取得成功和创造持续价值的平台。互联网时代，品牌估值成为热门的资本合作入场券。转变管理理念，不停留于单一产品的高价格，转而追求整个品牌资产的保值、增值，才能实现基业常青。

　　粉丝是最能创造价值的资产。粉丝链接了认知，链接了消费路径，链接了未来，链接了回报！

品牌是一种战略资产，它是企业未来取得成功和创造持续价值的平台。品牌建设是战略性的，不是短期行为，不是为刺激销量而采用的战术手段。建设品牌需要长期的战略投入，也需要追求基业常青的品牌管理理念。

互联网时代，品牌估值成为热门的资本合作入场券。若想获得更多资本青睐，增加合作门槛，品牌估值是不得不重视的着力点。在这样的资本环境下，转变管理理念，不停留于单一产品的高价格，转而追求整个品牌资产的保值、增值，投资用户、做大用户，才能在市场变化中抓住品牌不断发展的新机遇，实现基业常青。

一、品牌资产基础点——建构资产

品牌资产的基础从制定品牌战略、建立品牌识别形象开始，后期再通过区隔品牌与其他竞品，不断拓展品牌链、累积品牌资产。

因此，品牌再造只是品牌发展的一个新基点，我们需要带着品牌资产管理意识，重新回顾品牌再造过程，梳理品牌资产基础。

（一）品牌资产要素

1. 品牌元素

品牌元素包括品牌名称、标识、符号、个性、包装及口号等。

2. 品牌营销方案

品牌营销方案包括品牌对外传播与开展营销活动。

3. 提升品牌次级联想

品牌联想自身也会和其他具有自身联想的实体发生关联。品牌可能发生关联的要素包括公司（通过品牌战略）、国家或其他地理区域（通过对产品原产地的认同）、分销渠道、其他品牌（通过成分或品牌联盟）、个性（通过特许）、代言人（通过"背书"）、体育或文化事件（通过赞助），或者其他第三方来源（通过获奖或评论）。

4．利用公益营销创建品牌资产

公益营销好处多多，包括建立品牌认知、提升品牌形象、建立品牌社区归属感等，最重要的优势是赋予公司人性化的特征，在消费者与公司之间结成一条独特的情感纽带。

5．绿色营销

绿色营销是公益营销的特例，主要表现在对环境问题的关注。在实施绿色营销时，要避免过度曝光环保宣言和缺乏信誉，否则，消费者会认为环境宣言不过是公司的营销花招而已。

准备实施绿色营销的公司，应关注以下几点：

（1）在被强制前就使产品环保化。

（2）宣传环保对社会和消费者的好处。

（3）强调环保对消费者可见的利益，而非仅仅增加环保成本。在关注环保的同时控制好价格，因为消费者事实上不会愿意为了环保而多付钱。

（二）架构品牌资产

公司品牌资产可以定义为：消费者、员工或相关支持者对由于公司品牌资产所形成的公司产品、服务所产生的差异化反应。不同的品牌资产为公司带来不同的溢价能力。

1．企业或公司品牌层次

良好的公司形象取决于很多因素，包括公司产品、公司行为、销售网络、售后服务、与消费者的沟通方式、社会责任、公司员工行为、传播形象等。

2. 家族品牌层次

家族品牌在某些情况下可以代替公司品牌使用，理由是：当产品间的差别越来越大时，很难在仅使用单一的公司品牌的同时，又保留某种产品含义或者有效区分产品。

3. 单个品牌层次

单个品牌仅限于在一个品类中使用，可以包含不同型号、包装的多类型产品。创造和使用单个品牌的主要优点是可以使品牌个性化，并使所有营销活动满足特定顾客群的需求。在这种情况下，当品牌遭遇困难或失败时，给其他品牌或公司造成的损失也较小。

4. 修饰层次

不管是否使用了公司、家族或单个品牌，都有必要根据产品款式或型号的不同类型进一步对品牌加以区分。增加一个修饰成分，往往可以对品牌不同型号进行区分，如不同口味、质量、功能等。

二、品牌资产保值点——危机管理

一场品牌危机，对于辛苦构建的品牌大厦是不容忽视的灾难。

互联网环境更是放大了品牌危机，更多媒体平台、更多交叉传播、更鱼龙混杂，坏消息的发酵速度惊人地疯涨。

面对危机，品牌必须有危机管理预案。一旦问题澄清、措施得力，就可能重新获得信任、赢得尊重。

从表面看来，品牌危机起源于某突发事件。实质上，品牌危机的发生绝不是偶然的，需要从源头进行管理，防患于未然。

可能引发品牌危机的源头如表 7-1 所示。

表7-1　可能引发品牌危机的源头

危机类型	危机来源	解决对策	处理原则	基本程序
战略型	品牌战略或策略失误	根据企业发展及社会发展，定期审查企业战略或策略	危机意识 建立预警 及时处理 主动担责 内外沟通 坦诚真相 系统解决 分工协作	1.启用品牌危机指挥中心，确认危机并紧急行动，控制危机。 2.查明真相，公布结果。 3.制订方案，转移矛盾或解决矛盾，系统推进危机解决。 4.承担危机责任，并积极进行内外沟通。 5.进行危机善后并彻底解决危机源头。把握危机之"机"，借势提升品牌。 6.修复、重振品牌形象
资源型	因资源短缺、流失等引发	保护环境、珍惜资源，对战略资源预先储备		
权益性	因专利侵权、商标被注或恶意收购等引发	增强产权意识，保持监测，预先采取保护措施		
竞争型	由不当竞争引发	合法竞争，保持对竞品不当竞争的监测、警惕		
文化型	因文化差异、歧视、冲突引发	尊敬消费者，敬畏地域文化，包容文化差异		
形象型	品牌形象策划缺陷或重大失误	依靠专业人员或团队设计传播策略，并准备危机预案		
传播型	品牌传播策略失误	依靠专业人员或团队设计传播策略，并准备危机预案		
质量型	品牌产品存在缺陷	加强质量管理并及时承担责任、进行整改		
管理型	内部管理失控	建立品牌危机指挥中心，强化监测，形成员工与企业命运共同体的文化，顺应社会发展优化管理方式，增强团队凝聚力		
社会型	外部社会环境发生不利于品牌的变化	维持良好公共关系、股东关系、媒体关系，加强社会资源管理，强化监测，在危机来临时善于整合调用		
舆论型	由产品问题、服务问题、用户不满或谣言等引发	随时监测媒体言论及网络舆论，及时解释澄清，树立品牌正面形象		

　　解决品牌危机的重点是建立危机防御体系，打有准备之仗，如表7-2所示。

表 7-2 危机防御体系

类　　型	防御维度	防　御　措　施
内部防御	危机文化	把危机管理纳入企业理念，形成文化
	防御组织	建立品牌危机指挥中心及品牌新闻发言人制度
	危机监测	建立危机监测系统，针对危机源头进行监测，以便于及时主动采取措施
	危机预警	建立内部危机预警系统，在危机来临时可以随时启动危机处理程序，调动相关人员做出反应
	危机预案	针对不同类型的危机预先建立预案
外部防御	政府部门	建立良好的政企关系和沟通机制
	新闻媒体	建立传统媒体、新媒体资源库，维持良好关系。把握媒体性质及特色，预先规划不同媒体可能配合的危机处理角色
	竞合品牌	积极寻求互补品牌合作，寻找支持力量
	合作伙伴	建立激励性的合作关系，稳定团队与发展资源
	股东股民	进行充分的信息交流与沟通，及时披露正面信息，澄清不利信息，稳定资本环境
	潜在对手	关注可能跨行业进入本行业的品牌或相关产业对手，做出积极应对
	消费者	建立畅通的顾客投诉与信息沟通、反馈平台

三、品牌资产增值点——社群管理

互联网上半场玩的是粉丝经济，是如何将粉丝连接起来，下半场则将进入社群经济，是如何给粉丝一个家、一个组织，更好地为粉丝提供服务。粉丝经济是塑造网红、吸引粉丝，是中心化和单向连接的经济，而社群经济不同，社群经济的特点是如何让汇聚来的粉丝玩到一起，让粉丝有归属感和成就感，是去中心化和多向连接的经济。互联网上半场粉丝经济运营的是流量，而互联网下半场社群经济运营的是存量。

未来经济与社会组织将不再是凝固僵化的"矩阵式"形态，而是呈现互联网社群支持下的个性张扬的"网状"模式。围绕不同的品牌，乐于参与的人们会根据品牌偏好形成不同的小圈子和社群。品牌对用户的经营理念应该从"如何才能吸引用户购买"转变为"如何才能让用户以品牌为中心，长久地凝聚在一起"。

让用户以品牌为中心，长久地凝聚在一起，就会不断形成用户凝聚力，并通过第一批核心用户不断扩大，增强相似人群的影响力。更多的用户基础又意味着更多的挖掘潜力，也意味着品牌可以以用户为中心进行产品线延伸或以用户价值为中心致力于产品升级。更多以品牌为中心的有凝聚力的用户基础，也使品牌有更多应对未来变化的胜算。

因此，品牌营销的重点应当从个体转移到社区身上，帮助用户形成归属感和认同感，不断从小品牌社群向大品牌社群发展，形成具有强大凝聚力的品牌虚拟群体。

（一）兴趣先导，定位品牌社群类型

从社群类型来说，作为企业品牌，除了创建、运营产品型社区，还需开发用户黏度更高的兴趣型、知识型、利益型社群，不断充实、丰富社群，增强社群对用户的功能价值；建立社群的识别属性，增强用户的身份认同；增加用户多方面的满足感，只有让用户对品牌社群持续产生兴趣，才能让社群为品牌创造最大的价值。

兴趣是用户相聚的基础。根据用户的兴趣，与品牌相关的社群大致可以分为以下几种：

1. 产品型社群

对品牌来说，产品型社群的一个与消费者互动双赢的方式是让消费者对产品提出建议，参与产品研发、改进环节。

喜力啤酒在脸谱网上的粉丝有 1100 万名，其中一个增长契机就是该品牌曾经策划了一次活动，给粉丝提出了重新设计啤酒瓶的挑战。

小米经营的论坛社区为它带来了近 50 万名核心用户。在小米论坛上，"米粉"全程参与小米的市场调研、产品开发等环节，最终所有参与研发过程的人又成为小米手机最忠实的用户，这一过程实现了社群的良性互动与效益转化。

宝洁公司有一个网络研发小组。在宝洁看来，尽管全球 99.9％最聪明、最有才华的人都不是公司的员工，但他们完全可以为公司所用。宝洁公司首席技术官布鲁斯·布朗表示，公司的"联系+发展"网站就是为了充分运用他人的发现和创新而建立的，这是宝洁的竞争优势。

借助"联系+发展"网站，宝洁公司将研发过程中遇到的困难或需求放到网站上，供人们讨论交流、提出解决方案。需求发出后，该网站曾在一年半的时间收到了 3700 多个创新方案，并有几十个项目进入宝洁的深度评估环节，宝洁公司因此获得了大量来自市场和潜在用户的直接需求创意，有效对接了市场，缩短了研发周期。

乐高的"乐粉"们已经疯狂到把拼砌乐高作为自己的终生事业，他们自发开论坛、组织活动。作为回应，乐高将他们看作忠实的合作伙伴，并为他们颁发专门的 LCP 证书，拥有此证书的人可以以近乎厂价的价格订购零件，还可以开官方展览。这种产品社群附着在兴趣之上，和兴趣社群已经没有很明显的界限了。

2. 知识型社群

知识型社群以分享、传播某类知识为连接点。知乎、罗辑思维、吴晓波频道形成的就是知识型社群。吴晓波明确指出其社群的社群价值观如下：拒绝"屌丝"文化，发现商业之美，从而有所选择地聚集了同类的知识分子。

知识型社群可以结合销售，特别是当成员以成为其中一分子为荣时。当吴晓波在社群中销售自产自酿的吴酒时，它并没有传统品牌那种卖酒的基础，但因为这款酒在某种程度上代表了一种社群的身份识别和通行证，那些希望表达自己属于这个群体的人就会毫不犹豫地买下这款"身份酒"。

3. 趣味型社群

趣味型社群有摇篮网的妈妈群、豆瓣的电影书籍分享群体、车友会群体、公益组织的爱心活动群体及产品经理群、销售群等，通常有共同的话题基础，社群活跃度高、凝聚力强。

建立产品相关的趣味型社群需要跳出品牌，站在用户的相关兴趣角度，如奶粉品牌的育儿群、服装品牌的穿搭群等。作为品牌方，在社群创立初期，不必刻意强调品牌属性，可以重点培养社群积极分子、引导话题、组织活动，逐渐建立自己在社群中的威信，为后期培养品牌的忠实粉丝蓄积势能。

4．利益型社群

利益型社群有拼多多、团购类、淘宝优惠券类、投融资类等，它们为社群内的人提供某种经济优惠，或创造某种经济价值。能否持续为社群成员创造价值、能否比其他社群创造更多价值、能否创造比社区成员自己所创造的价值更大的价值，是这类社群生存的要点。否则，一旦收益降低，社群的存在基础就出现危机。

品牌可以与现成的这类社群合作，开展优惠活动、发放试用产品等，通过小额投入逐渐为自有社群导入其中的优质粉丝。品牌也可以创建自己的利益型社群，坚持通过日常优惠活动培养忠实顾客群，除了做产品预售、评测和促销启动外，也可以组织社群内部活动，强化社群内部联系。

5．组织型社群

组织型社群有班级交流群、公司内部沟通群、部门交流群。组织型社群依托现实中的组织，有共同的组织团体、活动形式和话题，这些社群可以成为品牌的社群合作选择，联合开展活动，进行团购、定制等。

在 2021 届新生的欢迎演讲上，哈佛校长也多次强调"社群"的概念，她说，社群是一种必不可少的教育力量……我们必须好好构建这个社群。哈佛的最后俱乐部、兄弟会和姐妹会，也是哈佛特色的社群组织。

社群已经成为这个越来越重视互动的时代的重要活动形式，建设社群、维护社群、壮大社群，将为品牌带来源源不断的粉丝源泉。

（二）品牌主导，发展社群力量

从社群聚合角度，社群要发展壮大，品牌应该处在社群的核心位置，并引导社群内部的互动，形成社群内部的凝聚力。

1. 要有品牌核心价值观

没有核心价值观的引领，用户很难产生强大的凝聚力。品牌方需要有自己的核心价值观，将用户注意力从对产品的关注提升到产品与用户间价值观的共鸣上。品牌的核心价值观要与目标用户的价值观进行对接，并体现在对外传播的载体上，如广告语、网站、产品包装上，实现价值观与产品体验的双向互动，形成一种同类共识。

2. 互动和沟通要扮演重要角色，维持社群活力

互动方式如传播产品信息、线上讨论、线上投票、线下聚会、线下主题活动，沟通内容如技术交流、产品玩法、经验学习、团购优惠等。品牌应积极引导用户互动沟通，提供互动的平台和契机，激励用户获取信息、分享经验，产生参与社会活动的积极性、凝聚社群共识、强化与品牌的关联、形成品牌忠实的粉丝群体。

3. 要有社群凝聚力

从社群发展的角度来说，一个社群从诞生到成长、壮大，需要逐渐形成自己的凝聚力（精神层面的或利益层面的），还需要形成自己的社群团队，包括核心人物、组织者、传播者；同时也需要一定的活动形式，如交流、聚会、分享等。这样才能经营好社群，为品牌积累忠实的粉丝团队。

四、品牌资产激活点——保持品牌生命力

在市场激荡的洪流中，品牌也会面临衰老，产品本身老化落后或者市场定位、营销方式老化。

常青品牌活在消费趋势中。在竞争越来越激烈、变化速度加快的互联网时代，准确把握市场变化、开创新产品、保持品牌鲜活力，关乎品牌基业常青。

面对品牌老化，企业要进行专人管理监控，做出预防措施。面对产品老化的风险，要定期推出新款产品，延伸、扩充产品或服务。如汽车产业，当政策都在酝酿新能源汽车时，企业必须尽快着手新型汽车的开发，并考虑老款汽车的升级、清库存等工作。

面对市场变化，品牌要定期进行市场研究，根据政策、消费者变化进行市场重定位或调整。当消费者转移到竞争对手阵营时，需要思考对方的优势和自己转变的方式。当三大运营商被微信稀释了话费利润时，它们也逐步向流量服务转变，而下一步免费 WiFi 的更广泛覆盖，显然又会对它们的经营方向提出新的挑战。

当市场变化加速时，面对传统老化的营销方式，品牌要结合时代潮流活化和创新传播方式，与时俱进。如最新社会热点、网红直播、AR 技术等都是品牌年轻化的时尚搭档。

一个有活力的品牌至少要具备这些特征中的一个：有趣/令人兴奋（如红牛）、邀人涉入/参与（如迪士尼）、创新/生动鲜活（如苹果），有激情/目标驱动（如无印良品）。

为品牌注入活力可以从 3 个方面着手：创造新的产品生命力、让营销计划具有活力、借用或创造一个与品牌关联的"品牌活力工具"。

1. 创造新的产品生命力

为品牌找到新的应用并鼓励消费者使用。一个重要的产品创新能够让品牌真正宣称："我现在与众不同，你必须拥有。"没有产品创新，品牌增长就缺乏基石。

对科技类产品来说，产品的生命力主要在于不断升级体验，更小、更智能、更人性化。苹果手机不断推出新一代，不断给予用户尝试新产品的理由，正是一种自我创新。

对于食品类产品来说，产品的生命力主要在于不断提升产品品质，丰富品类、创意"吃货"新感受。

对于服务类产品来说，产品的生命力主要在于更好的互动、更多的人性化体验、更靠近用户需求。

行业不同，产品生命力的着力点不同。在互联网深度影响的大环境下，我们既要用好互联网带来的交互、便利，也要尊重行业特点，保持产品价值核心的不断升级，夯实品牌高价值基础。

2. 让营销计划具有活力

营销计划的活力主要来自现代生活方式的接轨，与用户的兴趣爱好有共鸣点，并且给予用户简单好玩的参与方式。例如，富有激情的街头快闪活动、激发用户参与的自拍评选活动、好玩的产品体验视频等。

3. 创造品牌活力载体

企业可以创造一个自有的内化品牌活力承载载体，包括产品、促销、赞助、象征、计划或其他实体。例如，腾讯企鹅呆萌的样子，总让人忍不住觉得腾讯是一个可爱的公司。

会玩的可口可乐，把一只瓶子玩成了创意根本停不下来的节奏。每年我们都会期待可口可乐的新瓶子，不亦乐乎地收集新瓶子。肯德基为保持品牌活力，也高调宣布鹿晗成为其中国最新品牌代言人，同时还成为"第一任超级 APP 店长"。

互联网本身是一个充满活力的平台，充满了互动、参与、分享和创意的机会。固守传统、不善改变的品牌在这样的平台上难免黯然失色，那些善于创新、拥抱改变的活力品牌却善于与变化共舞。用好互联网、团结消费者、保持品牌生命力，是品牌成功再造的重要工作。

延伸讨论：一起聊聊互联网品牌再造吧

你的企业在互联网时代面临着怎样的竞争局面？

你认为在互联网的深度影响下，品牌营销发生了哪些变化？

你认为互联网时代如何再造品牌？

你如何看待品牌与产业链整合的关系？

你认为在互联网巨头赢家通吃的模式下，小品牌的生存机会在哪里？

欢迎说出你的敏锐洞察，期待碰撞智慧的火花！

扫描二维码，与光华博思特营销智囊团的 20 多位专家及 3000 多名品牌 CEO 展开讨论。

更多延伸互动，欢迎关注光华博思特官方微信 guanghuabest。